一天一堂投资心态课

江奇龙◎著

国家一级出版社 中国纺织出版社 全国百佳图书出版单位

内 容 提 要

“你不理财，财不理你”，现代社会，随着收入水平的不断提升，人们逐渐意识到投资理财的重要性，投资理财能让你实现财富增值，也可能会让你产生损失，决定两种不同投资结果的主要原因是什么？本书能为你作出满意的解答。

本书将投资基础理论与心态调节知识相结合，旨在帮助生活中的投资者积极乐观、冷静客观地应对各种投资状况，并结合现实案例，将枯燥无味的投资心态课进行生动阐述，希望能对广大投资者有所帮助，助你实现财富梦。

图书在版编目（CIP）数据

一天一堂投资心态课 / 江奇龙著.--北京：中国纺织出版社，2017.12 （2018.3重印）
ISBN 978-7-5180-4407-8

Ⅰ.①一… Ⅱ.①江… Ⅲ.①投资经济学—通俗读物 Ⅳ.①F830.59-49

中国版本图书馆CIP数据核字（2017）第303096号

责任编辑：闫 星　　特约编辑：李 杨　　责任印制：储志伟

中国纺织出版社出版发行
地址：北京市朝阳区百子湾东里A407号楼　邮政编码：100124
销售电话：010—67004422　传真：010—87155801
http：//www.c-textilep.com
E-mail：faxing@c-textilep.com
中国纺织出版社天猫旗舰店
官方微博http：//weibo.com/2119887771
三河市延风印装有限公司印刷　各地新华书店经销
2017年12月第1版　2018年3月第2次印刷
开本：710×1000　1/16　印张：14
字数：173千字　定价：36.80元

preface

推荐序

多年来，我一直在全中国乃至全世界各地演讲及举办教育培训课程，协助企业倍增业绩，打造系统复制团队、复制CEO，协助个人创业、企业从初创到成为中小企业，甚或上市前管理系统建立、人才招聘及营利系统打造及上市企业辅导……在20年的教育专业经验里，我见证了无数企业的起起伏伏、兴盛亡衰，更见证了中国企业（包括港澳台等地）的发展演变，于是逐渐意识到一个规律：只有持续学习的团队才能转型成功。

就像游泳需要有教练、学开车需要有教练、学打高尔夫球需要有教练一样，投资和企业发展经营更需要有教练！

到底是投资容易，还是融资容易？我个人觉得融资更容易。因为融资是方法、技巧，而投资是门学问，不仅需要专业知识作为背景，更需要良好的心态。为什么暴富返贫的案例屡见不鲜？长期以来的生存状态令暴富者们没有能力和途径让财富保值增值，其心态、判断能力、理财能力的缺陷，有可能让一夜之间得到的财富在一夜之间失去。无论做哪方面的投资，心态都比技巧更重要。在浮躁的社会中，不乏一些投机分子想追求高收益，殊不知落入金融骗子的圈套。

对任何人来说，投资都存在风险，不能因为风险的存在就放弃投资，而是要学习如何驾驭风险、控制风险，让风险最小化。《一天一堂投资心态课》的出版恰逢其时，如何规避投资风险，着重在于心态的调整。一个心浮气躁的人，往往容易做出错误的决策。未来十年是金融的黄金十年，江奇龙老师不断向世界顶尖大师学习，与全球投资教父吉姆·罗杰斯同台演讲，就是希望协助更多人实现财富自由。与此同时，我也希望借由此书让大家能以平常心对待投资，能在投融资领域稳定投资并获得长足的财富积累。

今天，我向大家推荐江奇龙老师的著作，他是企业及个人都值得学习的榜样，他有过人的领悟力及丰富的教学能力，他的书步骤清晰、实战性强、深入浅出，值得一看再看，甚至值得您推荐更多人一起看；江奇龙老师的课程更是值得您一再学习！相信一定会帮助您成为富有而快乐的老板！

传承教育产业集团董事长　洪豪泽

2017 年 11 月

preface

前言

现代社会，随着生产力的发展和人们收入水平的提升，在满足生活基本需要外，人们的收入有了一定的盈余，于是开始逐渐把眼光放到投资上。那么，什么是投资？投资是指当期投入一笔资金而期望在未来获取较高的收益。举个很简单的例子，若你手上现有1000块闲钱，你可在周末带全家出游后上酒店吃上一顿大餐，过个愉快的周末；但你也可存入银行，五年后可获得利息；或者买入股票或基金，等待分红或涨升；或者从古玩市场买入字画，等待增值；或者参股朋友所开的小店，分得利润。前面一种情况就是花掉金钱（价值），获得消费与全家的享受；后面几种情况就是放弃现在的消费，以获得以后更多金钱，这就是投资。

当然，投资的方式有很多，比如从储蓄、债券、基金、保险、股票、外汇、期货、信托、黄金、房地产、典当、收藏、创业等。现代社会，人们如果有了理财投资意识，学会投资理财，就能让我们手中的财富快速稳健地升值。

然而，投资有风险，为什么一些人在投资市场顺风顺水、赚得满满当当，也有一些却不但没赚到钱，反而亏了很多？当然，原因有很多，比如，基础知识是否牢固、投资技能的熟悉程度、对市场的预测是否准确等，但其中我们绝不可忽视的一点是投资者心态的好坏。实际上，投资就是拼的心态，一些投资高手们最后的较量并非是纯粹的投资技巧，而是心理控制和调节的较量，最后，谁能战胜自己的心魔，谁能克服人性弱点，谁就是最后的赢家。

为此，任何一个投资者在盈利机会到来前都要保持高度的耐心，并对市场有高度的感知能力，并在机会来临时大胆接受，而一旦发现自己的投资动向与市场行情出现偏差，要及时修正，这就需要有良好的心态，才能稳坐军中，指点江山。面对不同的投资状况，不同的心态状态就会产生不同的看法，进而得出不同的投资结果。然而，一种良好的心理状态，要靠长期的修炼和培养才能获得。不但需要我们拥有过人的智慧，更需要我们在生活、工作中加以磨炼。毕竟生活才是考验我们最真实的战场。

本书结合了作者多年来的投资心得和实战经验，重点阐述了我们在面对各种投资状况时应如何调整自己的心态，并结合了生活中一些心性修炼方法，希望能对广大的投资者有所裨益，最后，我们要说的是，“投资本身没有风险，失控的投资才有风险。”而良好的心态能帮助你控制整个局面，从而获得财富，赢取成功。

编著者

2017 年 3 月

contents

目录

第01章 向贫穷说再见，学习让投资盈利的思考方式

有人说，一个人的投资能力可以分为两种，一种是“硬”能力，就是一个人掌握的投资方面的知识、技术和能力；另外一种是“软”能力，就是一个人良好的心态、掌握买卖时机的智慧。所以说，人们投资，不仅需要知识和技术，更需要良好的心态，一些人投资的失利，也不是败在技术上，而败在自己不良的心态上。所以，我们可以说，投资盈亏重在心态，拥有好的思考方式，调整好自己的心态，是我们赚钱的开始。

投资有风险，盈与亏重在心态

有人说，投资市场，如果有经验，你就能获得好多金钱，有金钱就能获得好多经验。的确，不少人通过资金的投资获利百万甚至千万亿万，而也有一些人在投资中亏损累累甚至倾家荡产？关键问题在于是否有一个好的心态。如何选股是炒股的基本功，但是能不能赚钱却是心态决定的。

大概我们都知道，投资是有风险的，有盈有亏，这是常理。但盈与亏带给人的感受是有天壤之别的，盈利了，就感到心情愉悦，自信心有很大幅度的提升；相反，一旦亏损，就会心情沮丧、自信心受到打击。表面上看，人的心情是被投资的盈利决定的，实际上，投资盈亏重在心态。

的确，我们不可否认的一点是，影响盈亏的因素有很多，比如，投资领域因素，有时间因素，有政策因素，但最为重要的是心态的因素。

以炒股为例，我们发现，一直以来，人们都犯了这样一个错误——追涨杀跌，所谓追涨杀跌，就是看见股票呈上涨趋势时就买进，而看见股票下跌就想卖，而要克服这样的错误，却不是件易事，而归结起来，还是我们没调整好心态。诚然，某些股票是有潜力的，持有的话可能让我们盈利，但这不是一蹴而就的，而是需要一段时间，这就需要我们忍耐和等待，但就在这个过程中，一些人失去耐性，然后割肉卖出，谁知道这只股票当天就涨了，此人后悔不已；有的股票明明破位了，下降趋势形成，是时候该止损了，但投资者就是不执行，而导致了一直亏损，长时间套牢，最终煎熬不住割肉，造成重大亏损。其他类似这样的亏损情况还有很多，不一一举例。

失败的投资者情况千差万别，但大多数是心态不好造成的，一般情况下坚持不彻底，中途变节，或优柔寡断，贻误战机。

老张是一名国企员工，刚刚退休，手头有点积蓄，听亲戚说炒股能挣钱，老张便将手头十万元投进去了，然后便坐等“战绩”。

一周过去了，老张终于等来了亲戚的电话，亲戚告诉他股票跌了一点，问老张什么想法，是继续等还是撤？老张可不敢大意，这是他多年的积蓄，他赶紧告诉亲戚，把钱拿回来，虽然已经亏了点，好在不多。

就在老张卖出股票的第二天，亲戚打来电话，说股票涨了，老张一拍大腿，悔不当初，后悔自己没坚持，于是，赶紧打电话又让亲戚帮他买进。亲戚照做了。

接下来几天，老张焦虑万分，总是在担心股票的事，吃不下睡不好，人都瘦了一圈。又过了一周，亲戚来电话了，老张的股票涨了，老张惊喜万分，已经年逾六十的他居然手舞足蹈起来，让妻子不明就里。可是，老张没高兴几天，不到三天的功夫，老张跟亲戚去交易所看盘，发现自己的股票跌了大半，情绪激动，一时血压上来，进了医院。

这则故事中，为什么股民老张情绪总是被股票涨跌情况牵动？因为他没有一个良好的心态，他听闻炒股挣钱，在没有学习炒股知识的情况下就盲目投资，股票是有跌涨的，他的情绪也随之变化，也难怪情绪激动、血压上升了。

可见，良好的心态是成功所必需的，投资盈亏重在心态。的确，我们看那些成功的投资者，他们有着各自不同的投资经验，但他们身上有个共通点：心态好、敢于坚持、敢于止损，更懂得控制风险。

经验丰富的投资者告诉我们三点：买入要细心，持有要耐心，卖出要狠心，而且，这三点是联系到一起的，缺一不可。在投资中奋斗的人，有90%是聪明人，只有10%是所谓的“傻子”，但是结果是前者亏损后者赢利。为什么只有那些不计得失、波澜不惊的人才获利多多？我们应该经常思考这个问题。

在现实投资中，一些人在理论上精通，而实践却不行。心态不好、着急发财的，肯定要失败。投资领域里，技术只是参考，关键是一个人的良好心态，因此，每一个渴望在投资中获利的人，首先就要修炼自己的心态。

无知投资是最大的悲哀

我们前面已经提过，一位成功的投资者，必须要有良好的心态。然而，我们发现，生活中有一些人，在投资的过程中，出于对金钱的渴望，看到别人投资盈利，他们也跃跃欲试，但事实上，他们是无知投资，结果导致了血本无归。

什么叫无知投资？就是不懂得投资知识，也不知道投资的一些基本操作技术，不了解投资行业的风险，就盲目将资金投放出去，跟着别人瞎忙碌。譬如别人说进入，自己赶紧进入；别人说出去，自己赶紧出去。

事实上，财富的不幸乃至人生的不幸都是从这里开始的，我们也可以说，在投资领域，很多烦恼和痛苦都是来源于无知。因为无知，就会盲目，而盲目就让我们愚蠢。

小李在一家物流公司工作，每个月工资三千多，他省吃俭用，在工作的几年里，存了几万块钱，他不希望自己就这么一直打工，心里一直盘算着如何寻找出路，也在寻找发财的机会。

一天午休的时间，他无意中看到几个同事在手机上看股票行情，便好奇地问："你们是在炒股吗？"

"是啊。"其中一个同事回答。

"能挣到钱吗？"小李将信将疑地问。

"当然了，不然你指望那点工资生活啊？不理财投资，永远都受穷。"同事说。

听完同事的话，小李觉得很有道理，想想自己也该做点投资了。

后来，在聊天中，小李听同事说有几只股票涨势不错，就买了其中一只，而且买入不少。小李心想，这下子要发财了，就坐等开盘结果。

谁知道，还不到三天时间，小李就亏了一万多，这可是小李好几个月的工资，他心里悔恨，但是又不想抛售，心想万一涨了呢，所以，他还是选择焦急地等待着，可是接下来几天的开盘情况依然状况糟糕，小李越亏越多，不得已的情况下，他割肉卖出了，一个星期的时间，小李就莫名其妙损失了好几万。

后来，小李去咨询了一位投资经理人，告诉了他自己的情况，听完这位经理人的回答之后，小李才如梦初醒。这位经理人是这样回答的："李先生，任何一种投资，最忌讳盲目行动，尤其是股市，股市是一片汪洋大海，如果你连怎样炒股，怎样选哪股都不知道的话，贸然试水，是很容易被股市吞没的。"

可见，在投资领域，无知的投资是一种冒险，通常带来的结果也是负面的。

无知，刚开始时会让你产生幻想，但最终的结果都是痛苦，如果还不意识到自己是无知的，那么痛苦就会继续。

当然，如果我们真正了解陷入投资失败的原因，就能够通过不断的学习去根除苦因。如果我们不清楚无知的危害，只知道没有用的烦恼，并且经常痛苦不堪，估计还要失败。

不过，这种无知的冒险，折射出一个普遍性的问题：当一个社会有比较多的人解决了温饱，开始有点余钱剩米之后，他们却并不知道这一点余钱剩米要如何处置。其实，要根除无知冒险投资带来的痛苦，我们最起码要做到以下几点：

1. 做好投资知识积累

理财投资本来就是一门学问，所以本身也是需要我们通过学习积累去获得的。事实上，也没有人天生会投资理财，大多数都要靠后天的学习去掌握。而学习投资知识的方法有很多。

首先，我们可以通过书本知识了解投资，这是最基础的，也是最可靠和扎实的方法。不过市场上的投资书籍五花八门，有心想要读几本来学习掌握一点知识，但不知道该从哪本开始读起，或者到底哪些才是有真材实料值得去研究的一定要谨慎认真、多问专家、朋友、做到知识积累。

另外，全面的投资知识学习要从以下几个方面展开：如储蓄、债券、基金、保险、股票、外汇、期货、信托、黄金、房地产、典当、收藏等。

2. 学习他人的投资经验

投资最重要的还是要实践，无论是投资技巧还是投资理念的获得，都要学习最直接的经验，而这些是书本上所学习不到的，需要我们从投资经验深的前辈身上学习。

3. 累积投资经验

当然，要学到有用的投资知识，我们还是要参与实际的投资活动，进而累积经验。

总之，投资活动最忌无知冒险，只有具备一定的投资理财知识，有了理财经验，才能避免盲目跟风，才会真正获益。

投资市场不会天上掉馅饼

生活中，大概不少人都会做这样的“白日梦”：要是每个星期只上一天班就好了，要是每个月能发五万元就好了，要是老板年终奖都多给一倍就好了，要是我成为千万富翁就好了，要是……

人们之所以会有这样的心理，是因为人们认为天上会掉馅饼，认为可以一劳永逸、不劳而获，而基于这些幻想和白日梦，人们开始把眼光放到投资市场，但实际上，投资市场也不会掉馅饼。

不少人认为，投资市场到处都是钞票，到处是财富，可以随便获取，这是天真和幼稚的想法，也可以说是头脑发热的表现。以股市为例，有的只是被套和割肉，并没有免费的晚饭，一些人头脑清醒、睿智果断，所以永远不会被套牢，而一些人正是认为股市有馅饼，所以一头扎进去，被套牢了。

事实上，任何一个投资者都想赚钱，都想在这个资本市场获得投资或者是投机收益，但是事与愿违，很多人并没有在投资里赚到钱，反而亏损，甚至会巨亏。

其实主要原因还是他们没有摆正自己的心态，以炒股为例，我们都知道，中国股市目前还未成熟，有很多不规范的地方，比如，信息不对称，突发性事件等，这让很多投资者迟疑不定、不敢贸然行动，更是很难赚钱。对于很多人来说：股市就是一个坑接着另一个坑。有些散户输钱了会怨天尤人，会抱怨市场和政策，而从未想过自己的问题，这是最糟糕的心态，这种人，应该好好反省一下，自己是否适合做股票投资。心态不好，高潮时呼风唤雨，低潮时身陷囹圄。人生处处是陷阱，哪里能安身？

如果你是一名投资新手，以下几件事情是你在投资前务必要仔细看清楚，而且必须做的：

1. 知晓什么是投资

投资指的是特定经济主体为了在未来可预见的时期内获得收益或是资金增值，在一定时期内向一定领域的标的物投放足够数额的资金或实物的货币等价物的经济行为。

投资的形式有很多种，我们可以分为实物投资、资本投资和证券投资。

在经济和金融方面，投资这个名词都有数个相关的含义，主要相关的是财产增加与收益。从技术层面来说，这个词意味着“将某物品放入其他地方的行动”。从金融学角度来讲，相较于投机而言，投资更趋于稳定，时间更久，更趋向在一段时间内获得比较稳定的收益，是未来收益的累积。

2. 学习投资的一些基本知识

工作需要学习，做生意也要学习，同样，投资也需要学习。任何行业，要想收益都不容易，门槛越低的行业赚钱越难。投资也是，大概是持有身份证的人都可以进入这个市场。如果没有一定的知识和能力，投资失利是必然的。

3. 选择适合你的投资市场环境

很多人都没有认识到这一点，通常，他们会选择那些活跃的投资市场，但是他们没有意识到的是，那些容易赚钱的市场，亏损起来也很容易。打个很简单的比方，那些生存于小溪的鱼并不适合大海，所以有的人炒股不如去炒期货，有的人炒期货不如去炒股，而有的人炒股不如存银行。

以炒股来说，学习股票知识就要掌握这三个步骤：

（1）了解当前国家乃至世界各国的动态，尤其是经济动态，从而对经济态势有个大致的判断；

（2）学习一点理财知识，了解一些上市公司的经营情况；

（3）学习技术分析，这是对股票走势和自我操作的把握。

很明显，投资是一门综合学科，任何一种投资都涉及到国家的相关政策、该行业的经济动态，以及市场的火热程度等，这些都会影响投资行业的运作，因此，我们有必要加强自己的学习。

另外，我们还是应该将投资结果看得轻一点。不少投资者，投资金额不大，但其经济理论不少，对经济形势分析起来也是一丝不苟、头头是道，但他没有认识到的是，市场毕竟是市场，是瞬息万变的，是不会按照他的意志来进行的。结果可想而知，一旦投资失利，他便无法接受。为此，我们要明白，你是在利用闲钱来投资，过于看重的话，负担未免太重。

总之，天上不会掉馅饼，投资市场更不会掉馅饼。我们一定要记住这一点忠告，“天上掉钞票我不会弯腰，因为天上连馅饼都不会掉，更别说掉钞票了。”秉持这样的心态，相信你能真正掌控好自己的投资，获得你想要的结果。

保住本金是基础，其次才能考虑盈利

我们都知道，投资是钱生钱的行业，所以，最基础的就是要拥有一定的本金，如果没有本金的话，就不存在投资了。而且，即便你遇到的机会再好，如果你手头没有本金，那你只能干着急，所以，除了投资行业，几乎所有的行业，要想有所发展，留住本金是基础的工作，而要留住本金的办法只有两个：快速止损、别一次下注太多。

如果你有投资经历，你可能有这样的想法：亏了点小钱倒是无所谓，但是如果亏损太多，就感到很困难了，这是人性使然。所以，在某项投资上，如果亏损太多的话，你的自信心一定会受到很大的打击。以炒股为例，既然你准备炒股，你就知道炒股要么赚钱，要么亏欠。赚到了钱，一定会在内心谴责自己，当时买进的时候为什么不多买点，而且会告诉自己，下次再遇到这样的机会，一定要抓住，要多买进。这样的想法是极其危险的。因为我们都深知一个道理：投资有风险。还是以股票为例，如果第一手进货太多，一旦股票下跌，就进入噩梦状态了。而对于每一次下跌，你都希望这是最后一天了，而有时候一点小小的反弹，你都将其看成希望的兆头。很快，你的这只股票可能跌得更低，你的心又开始往下沉，你的情绪很快就被股票控制住了，也逐渐失去了对股票理性的判断。

那么，也许你会产生疑问，面对这样的情况，该如何投资？理智的做法是分层下注。比如，刚开的时候，你的打算是买进 1000 只股，但此时，第一手千万别买那么多，可以先买 200 只试试，然后看看效益如何，看看这只股票的运行是不是符合你的预想，然后再决定下一步你该怎样做。如果这只股票与你的预想相差甚远，那么，尽快止损。一切正常的话，就再进 400 股，情况还是很理想的话，那就再买进 400 股。

任何一个行业的投资都是有风险的，而且风险是没有定规的。你不投入的话，就不可能获利，但是你投入的话，也有可能亏钱，所以，要承担多少风险就成了每一个投资者最为头疼的事。美国金融大亨索罗斯曾在其自传中提到他对承担多大风险最为头疼。而实际上，要解决这一问题也找不到任何一条捷径，也没有任何一个大师、专家在某个著作中给出过明确的方法，还是需要我们在投资实践中根据自身的情况不断摸索。

当然，在投资过程中，要保住本金，还需要我们明确几个问题：

1. 你的风险承受能力是多少

或许你会继续追问，什么是我们对风险的承受力呢？最直接、最简单的方法就是问自己睡得好吗？如果你认为自己对某项投资的盈利状况担忧到睡不着的话，那么表明你为这项投资承担了太大的风险，你需要抛弃其中一部分，直到你认为自己能睡得好为止。

2. 如果投资失利对你的影响有多大

你可以问自己，如果目前手头这项投资失利的话，对你造成的损失程度是多少？是难以为继现在的生活还是无足轻重？你的事业会受到多大的影响？如果对你造成的影响不是很大，也说明你承担此次风险的能力较强。

3. 知晓你投入的资金是多少

这是你需要明确的一点。这样，无论你有了多大的投资，你心里都有底线，也就是无论如何都要保住本金，这也是我们首要考虑的，其次我们才能考虑盈利。一味地想着盈利，而忘记保本这一点，很可能让我们舍本求末，损失更多。记住这一点，也能随时提醒我们投资不能盲目，不能意气用事。

所以，我们一定要记住，在投资中，最为重要的就是要做到保本，我们要将这一点谨记在心。在投资过程中，你每犯一次错，或者是每一次成功，你就会有更深层次的体会，久而久之，你就能体会这一含义了，也就知道该怎样做了。当然，这需要一个过程，任何一点投资心得的获得，都不是一蹴而就的，需要我们付出心血和努力。

别想着只赚一次钱，要想着不断赚钱

在谈到这一观点时，或许你会感到疑问，投资不是为了赚钱，是为了什么呢？或许是因为我们都看到了“赚钱”二字，却没有看到“不断”。在投资领域，偶尔赚点蝇头小利并没有什么，或许是因为你运气好罢了。投资难就难在不断赚钱。事实上，可能我们经常会看到这样的场景，两个投资者都失利了，其中一个说：“我今年还行吧，这样差的行情，我才亏了20%。”另外一个可能说：“我比你还好点，我才亏了15%。”听到这里，我们或许都会感到悲哀，明明都是亏损，却因为跟人比较而感到自豪，而这就是想不断赚钱最大的问题。人们的比较心理，让他们失去了判断力。

在这个商业社会的信息时代，大概我们每个人都想通过投资赚得金钱，都希望自己财源广盛，也就是希望不断赚钱，要做到这一点，我们首先要做的就是把眼光放长远，懂得在投资市场走一步看三步，鼠目寸光是投资行业的大忌。

犹太人罗斯柴尔德是一个很精明的商人。长时间的生意经验让他十分清楚地意识到，要在这个犹太人备受歧视的社会里脱颖而出，最有效的办法就是接近手握巨大权势的领主并博得其欢心。

好不容易，他被通知可以接受当地领主的接见。这是个难得的机会，他觉得自己一定要把握住。为此，他不但把花了很多心血和高价收集的古钱币以低得离奇的价格卖给公爵，同时还极力帮助公爵收古币，经常为他介绍一些能够使其获得数倍利润的顾客，不遗余力地帮公爵赚钱。

如此一来，公爵不但从买卖中尝到了很多甜头，对古钱币的兴趣也越来越浓。罗斯柴尔德和他的关系逐渐演变为带伙伴意味的长期关系，远非只是普通的几笔买卖关系。

罗斯柴尔德是个舍得下血本的人。他为了实现长期战略，宁可舍弃眼前的小利。这种把金钱、心血和精力彻底投注于某个特定人物的做法，日后便成为罗斯柴尔德家庭的一种基本战略。如若遇到了诸如贵族、领主、大金融家等具有巨大潜在利益的人物，就甘愿做出巨大的牺牲与之打交道，为之提供情报，献上热忱的服务；等到双方建立起无法动摇的深厚关系之后，再从这类强权者身上获得更大的收益。如果说一两次的“舍本大减价”一般人也可以做得到的话，罗斯柴尔德这种一直“舍本”帮助别人赚钱的做法不能不说是难能可贵的。虽然他得以在宫廷出出进进，但自己在经济上仍然相当拮据。

在罗斯柴尔德25岁那年，他获得了“宫廷御用商人”的头衔。事实证明，罗斯柴尔德的策略奏效了。

放长线钓大鱼，舍小利获大利，这就是成功的犹太商人的生意经，也是罗斯柴尔德获得成功的心得。

无论是哪一种形式的投资，也无论我们是失利还是成功，都要调整好自己的心态，都不要被眼前现状蒙蔽，而要头脑清醒地进行决策，以此获得更高的利益。

在冰天雪地的阿拉斯加，也有人能把冰块卖出去。这听起来似乎不可思议，但是在现实生活中就有这样的实例。

有一位销售人员，他在阿拉斯加的冰河里收集冰块，然后以每千克 3 美金的价格卖给当地的客户。他是怎么做到的呢？

这位销售员是阿拉斯加的食品商人，他并不把客户当成是他的上帝，他甚至不急着去推销他的产品。他首先努力使自己成为客户的朋友，他们的伙伴。他每天都花一定的时间和客户在一起，去观察和了解他们。他发现他的客户都喜欢喝冰镇的饮料，但是冰块在饮料中容易融化，很快会使饮料变淡，影响口味。这个问题让客户很头疼，但又束手无策。

他充分理解他们遇到的问题。他查阅了大量资料，终于找到解决问题的方法。他挖出阿拉斯加冰河底层的冰块，这些冰块因为有着成千上万年的历史，密度很大，融化的速度很慢，可以让饮料变得冰凉，却不稀释饮料。

他成功了，他因为帮助客户解决了生活中的难题而获得了他们的信任，也因此得到更多的商机。

这个案例也给了我们很多启发，这位销售员居然能够在阿拉斯加把冰块卖掉，我们为什么不能看到市场背后的需求呢？这位销售员就是高明的投资者。真正的投资绝不是投机，不是一锤子买卖，而是需要我们付出辛劳的，更是考验我们的眼光和智慧的。

事实上，任何一种投资，其运作都是有规律的，需要我们进行深层次探究、分析，形成自己的经验。等你拥有了一定的经验，你就知道怎样顺势而行，获胜率也就会有大幅度提升。

小亏可以，不能大亏，不求常赚，但求大赚

在谈这一论题之前，我们不妨先来思索一道题。以炒股为例，现有两位投资人，摆在我们面前的是他们的交易记录：

在过去的一年里，他们的效益都是翻了一番，也就是百分之百的回报率。他们其中一位是场场必胜，只要出手就必定赚钱，虽然每次的回报都不多，但他的交易记录密密麻麻，有一大叠，积少成多，所以他赚了百分之百。

还有一位，似乎他的运气并不怎么好。在他的交易中，亏损的次数是很多的，赚的次数少，但即便亏，他每次亏的都很少，而他每次赚到的都是“大手笔”。在他买进的股票里有一只开值潜力很大，一次他出价是买进时的四倍，他粗略算了下，自己也赚了百分之百。对于这两位投资者，我们怎样评价呢？

在这二人当中，有一位是经验老到的专业投资人，一位是新手。现在，大概我们也能猜出哪位是一直赚钱但所赚不多，哪位是一直小亏但是一次赚足了吧？

分析这两个人的交易记录，就会发现，在现实的投资中，那些收益大且具有丰富经验的投资者，就如我们上面所叙述的那样，因为他们深知，投资市场有风险，不可能每次都能赚钱，所以错误出现的时候，就不必要付出太大的代价，在正确选择的时候，最好能获得最大的利润。而那些投资新手们似乎就没这么好的运气了，因为投资经验的不足，他们抱着投机的心态，而且完全凭直觉出手，也就是把那些暂时看起来正在赚钱的股票先卖出去，这样，他们赚到了一些蝇头小利，而最后留在手头的却是那些已经被市场套牢的股票。

现在，我们来做个假设，假设我们的手头有十万元，我们将其分成十分，以此来分散风险，也就是每股一万元，一年下来，五升五跌，四只升了10%，五只跌了10%，还有一只升了200%。那么，总的算下来，你能收回来的钱是12900，也就是有接近30%的回报率，其中那只升了200%的股票在这次收益中占了很大的比重。

如果你有过投资或者炒股的经验，你是否遇到过从10元涨到20或者更高价格的股票，但是这样的机会你抓住没？想必大部分都错过了，为什么呢？还是贪小便宜的心理在作祟，还有一点，你对于那些有较长发展趋势的股票没有精确的判断能力和判断经验。

对于收益，我们大部分人是愉快的，每次从投资中赚到钱，我们都认为自己是该领域的专业人士或者天才，甚至会自鸣得意，会选择去庆祝一番，因为你太喜欢这种有成就的感觉了，所以我们看到的大部分新手在开始赚钱时通常赚的都是小钱。

不过我们也知道，如果有谁知晓某项投资会有巨大收益，是不会中途离场的。问题就是我们不能确定这一点，这就涉及到我们所给出的投资运转是否正常的问题。

对于投资，要强调的是，只要投资项目运转正常，我们就最好按兵不动。很多股票高手们都曾明确指出这一点，他们并不是有什么特别的炒股秘诀，而是在买对了的情况下能做到按兵不动，不过这确实是一件很有难度的事，因为我们的情绪确实会因为股票的波动和起伏而产生变化。要做到这一点，你首先需要克服自己对脱手获利的冲动。我们都知道，股神巴菲特曾持有可口可乐公司的股份长达三十年，这期间，巴菲特并没有因为可口可乐公司的股价跌涨而分心，这大概就是他成功的原因。

不过我们还需要强调一点，如果你发现你的投资运转很正常，你有很大的胜算，此时，你应该在该项投资上加大投资，比如说，你的获胜率是60%，你下注是10%，但你的经验告诉你此次获胜率高达80%的话，你就应该果断加大投资，把原来的10%提高到30%或者50%。

总之，在投资领域，要想盈利，我们就要掌握一条不变的思维方式，无论任何形式的投资，小亏可以，不能大亏，不求常赚，但求大赚。所以，在眼前的蝇头小利面前，我们都要调整心态，淡定处之，才会迎来大收益。

第02章 看看那些成功者是怎样投资的

在投资领域，我们可以看到，到处是经验丰富的投资者，他们获得了财富的垂青。为此，不少人心生羡慕，但任何成功都绝非偶然，真正的投资高手都耐得住寂寞、脚踏实地，对市场都有着敏锐的观察力和超前的想象力，更有着我们想象不到的意志力，这些都是我们需要学习的。在本章中，就让我们来看看那些成功者是怎样投资的。

要立志成为一名投资专家

生活中，我们从不少人口中听到“欲望”这个词语，人们对其评价多半也是负面的，但事实上，无论做什么事，都是要有欲望的。一个人只有在欲望的驱使下，才会敢想敢做，才会敢于追求自己想要的人生。

我们先来假设一下，有这样两个年轻人，他们同时从学校走入社会，他们能力不相上下，也都一无所有，一个总是积极向上、每天干劲十足、努力充实自己，每每遇到挫折，他依然鼓励自己不能消极；另外一个年轻人，他目标模糊、满足于现状、每天浑浑噩噩、得过且过。想象一下，五年后，他们会有什么不同？

的确，尽管只是五年的时间，他们的差距已经显现出来了。前者通过自己的奋斗，已经小有财富，做人办事顺风顺水，事业越做越大、春风得意；而后者，稍微遇到一些问题，便慨叹自己解决不了，每天活在抱怨中，常常为生计、金钱而苦恼。这两种人，你想做哪种？当然是第一种！任何一个人，都想拥有灿烂的人生。为什么不同的人会有不同的命运？曾经有人说：“人们往往容易把原因归结于命运、运气，其实主要是因为愿望的大小、高度、深度、热度的差别而造成的。”可能你会觉得这未免太过绝对了，但事实上，这正体现了心态的重要性，废寝忘食地渴望、思考并不是那么简单的行为。不想平庸，你就要有强烈的成功的愿望，并不知不觉地把它渗透到潜意识里去。

其实，投资行业何尝不是如此？可能有些人会说：“我有着强烈的愿望，我很想发财。”但事实真的是这样吗？我们先来看一个调查报告。

华尔街的专业人士做过调查，在现如今的美国，大约有超过三千的股民，而其中高达 80%的股民炒股的目的并不是赚钱。投资、炒股在很多投资者眼里都是上流社会玩的金钱游戏，而不少人选择加入到这一游戏中来，很多时候都是为了凸显自己的身份和社会地位。比如，你处在一个富人圈中，你的朋友们都在玩这一游戏，为了让自己不落后，你势必也想参加，这似乎已经成为大家标榜“成功人士”的一个重要标志了。

我们不得不承认，在我们的骨子里，是有着这样的赌博心态的，而投资行业就无疑满足了我们这一心理。我们在忙碌而辛苦的工作之余，是乐于加入到这样“有趣”的场所来的。现在，我们来反省一下自己，你是不是也是出于这一目的进入投资行业的？

我们再来反问自己一个问题：你的家里需要添置一台洗衣机，在购买这台洗衣机之前，你大概会首先跑商场，看看各种洗衣机型号的价格、性价比等，然后会在网上搜索他们的性能，查找相关资料，还有可能去亲戚或者朋友家打听他们用的是什么品牌的，甚至还有可能去网上查找相关价格等。但比起这台洗衣机，你对于手头所进行的投资又做了多少工作呢？你查找资料了吗？你所做出的努力又是购买洗衣机的几分之一呢？

所以，我们可以说，对投资行业的欲望也只有化为行动，才有实现的可能。所以，我们必须要立志成为投资行业的专家。

接下来，我们来看看几位投资大师的投资习惯，大概就知道该怎样做了。

巴菲特是我们众人皆知的“股神”。他对于投资有着自己独到的见解，而他的投资经验来源于长期的积累。据说，他每天都会阅读至少五份财经类报纸，在购买每一支股票之前，他都会深入了解这家公司，最起码对于这家公司三年以上的运营状况进行透彻的了解，这家公司在业内的各种情报，他也要收集。

在中国，也曾报道过，有个叫林园的投资高手。他的生活深居简出，他在购进每一支股票前，都会亲自对要投资的企业进行实地考察，这一点是那些跟风的投资者所不能比的。

在上海，有一位民间投资高手叫殷保华。他是一位资深股民，刚开始投资时，他也碰了不少壁，后来经过勤奋苦学、到处拜师学艺，在业余时间，将市面上的投资类书籍几乎阅读了一遍，终于能写出让人叹为观止的投资书籍。

我们举出的这些故事，就是要说明一点：投资绝不是赌博，不是凭运气赚钱的，而是需要我们下功夫，要学习专业的知识和积累经验，这就督促我们要立志成为投资方面的专家。

的确，要想把事情做到最好，你必须在心中为自己设定一个严格的标准，并且，在做事时，你一定要按照这个标准来执行，绝不能马虎。投资行业，我们玩的是金钱的游戏，涉及到盈亏问题，更需要我们做足功夫，尽量把可能发生的情况考虑进去，把风险降到最低，以尽可能避免出现 1% 的漏洞，直至达到预期的效果。

投资要耐得住寂寞，甘做孤独者

我们先来看看下面一个小故事：

一位石油大亨到天堂去参加会议，当他踏进了会议室，却发现里面已经座无虚席，自己根本没有地方落座，于是他灵机一动，喊了一声："刚才听大家说，地狱里发现石油了！"这一喊不要紧，天堂里的石油大亨们纷纷向地狱跑去，很快，天堂里就只剩下自己了。

这时，这位大亨心想，大家都跑了过去，莫非地狱里真的发现石油了？于是，他也急匆匆地向地狱跑去。

这虽然是一个笑话，却是深刻地反应了从众心理的现象。在日常生活中，我们习惯于这样说"大家都这么认为的""他们都说""咱们都认为是这么回事"，等等。于是，当大家的意见无法统一时，大都会遵循"少数服从多数"的游戏规则。虽然某些人心里还想着"真理掌握在少数人的手里"，但是他们的语言或行为还是挡不住随大流的趋势，这就是典型的"从众心理"。当大家都认为是这么回事的时候，即便某人有什么反对的意见，也会不自觉地隐藏起来，主动表示

“赞同”。

在我们的生活中，我们的很多行为、思维方式等都受到从众心理的影响，在投资领域也是如此。我们发现，不少人都是跟风投资，看到别人做什么赚钱，就去做，别人说什么好，也说什么好，似乎没有自己的想法和看法，而这样的人注定在投资中是赚不到大钱的。事实上，几乎所有成功的投资者都是孤独的，也是耐得住寂寞的，他们能做到不被流言蜚语所影响，因为他们深知，坚持自己认为对的，就有收获。

成功的投资者告诉我们，在投资中，无论是低买高卖还是高买更高卖，都必须坚持与众不同的思维。要知道，坚持己见、做违反大众意愿的事是极为危险的，他们必须要为此给大众一个合理的解释，同时必须要能预见未来的某个结果，这期间需要多么大的信心。

的确，我们从童年开始，大概就知道要合群的重要性。如果你独来独往，有自己的想法，是被其他人排斥的，也会失去朋友、被人嘲笑，但投资可不是为了交朋结友，我们是为了赚钱，这是根本目的，所以，你没必要遵从于“集体思维”，而且是必须摆脱从众心理的影响。以炒股为例，如果大家都看好了某支股票，他们都已经按照自己的能力入场，那么还有谁来继续买股从而使股市继续升得更高呢？反过来，如果大家都已经对某支股失去信心而已经将手头股票出售，那么，这支股的继续下跌区间也不是很大了。在这个过程中，如果你不能拥有独立思维而随大流的话，你就会在股市高点时入市，在低点时出市，这就是失败的投资。

当然，在投资中能甘于做孤独者，还需要我们做到：

1. 相信自己的判断

如果你是一个经验丰富的投资者，你的理论知识和投资经验都足够的话，你只需要坚持自己的判断，至于投资结果，你只需要静静等待就好了。对于他人的非议、议论等充耳不闻，能帮你隔离烦恼。

2. 训练自己的思维

在投资的过程中我们一定要学会思考。在这个变化剧烈的时代，过去一直遵循的规则、方法很可能不再是指引市场的金科玉律，而要发现这一点，再也没有什么方法比努力思考、多提问题更好的了。能不能在投资中有独到的见解，除了知识和经验的积累外，还需要我们有独特的思维，能看到别人看不到的方面。这需要我们善于观察、学习、和总结，一味地遵循书本知识，结果常常是原地踏步。

投资要有自制力和忍耐力

我们都知道，没有人能随随便便成功。自古以来的许多卓有成就的人，大多是抱着不屈不挠的精神，忍耐枯燥与痛苦之后，从逆境中奋斗挣扎过来的。在人生的道路上，我们若想有所收获，就必须要耐得住寂寞。因为成功并不是一蹴而就的，需要我们耐心等候。

歌德说："人可以在社会中学习。然而，只有在孤独的时候，灵感才会不断涌现出来。"由此，我们可以看到的是，如果你今生想要有所建树，成就自我，那么，在孤独中坚守，在孤独中完善自我，是走向成功的必经之路。一个人，只有依靠自己的力量，脚踏实地顽强拼搏，才有可能达到目标，实现梦想。

这一道理同样适用于投资。的确，无论你投资什么，忍耐力和自制力都是听起来很简单但实践起来很难的事情，因为我们要忍耐枯燥和乏味。当你以投资为乐趣的时候，你可能会觉得有趣，但是如果你要想获得经验，就要把它当成严肃的工作。而且，投资是一件未必能直接看到积极结果的事情，你更要承担可能出现的负面结果，这个过程是艰难的，可以说是痛苦的，但是投资就是如此。如果我们耐不住寂寞和痛苦，是不可能成功的。我们来看看导演李安的故事。

在电影界，华人导演李安可以说是家喻户晓，他曾执导的《理智与感情》被列入了"影史伟大的100部英国电影"榜单。回望李安的成功，就好像一次生活的蜕变，在这个过程中，他付出了巨大的代价。内敛和害羞的李安曾说：“我天性竞争性不强，碰到竞赛，我会退缩，跟我自己竞争没问题，要跟别人竞争，我很不自在，我没那个好胜心，这也是命，由不得我。”这个信命的男人，却以自己强韧的耐心完成一次生命的华丽蜕变，从一个普通的男人蜕变成为了响彻国际的大导演。

虽然李安毕业时的作品《分界线》为他赢来了一些荣誉，但毕业之后，他没有找到一份与电影有关的工作，他只得赋闲在家，靠妻子微薄的薪水度日。那段日子算是李安的潜伏期，他为了缓解内心的愧疚，不仅每天在家里大量阅读、大量看片、埋头写剧本，而且还包揽了所有的家务，负责买菜、做饭、带孩子，将家里收拾得干干净净。他偶尔也会帮人家拍拍片子、看看器材，做点剪辑处理、剧务之类的杂事，甚至还有一次去纽约东村一栋很大的空屋子去帮人守夜看器材。在那段时间，他仔细研究了好莱坞电影的剧本结构和制作方式，试图将中国文化和美国文化有机地结合起来，创造一些全新的作品。

后来，李安回忆起那段日子，依然十分痛苦：“我想我如果有日本男人的气节的话，早该切腹自杀了。”就这样，在拍摄第一步电影之前，他在家里当了六年的“家庭煮夫”，练就了一手好厨艺，就连丈母娘都夸奖：“你这么会烧菜，我来投资给你开馆子好不好？”蛰伏了一段时间之后，李安出山了，他开始执导自己的第一部电影《推手》。紧接着，他内心对电影艺术的狂热就好像终于等到了机会发泄了出来，一部接着一部，部部片子都是经典，都为其成功奠定了扎实的基础。

一个对电影怀抱着理想和希望的男子，却甘愿在家里做了六年的“煮夫”，这需要何等的耐心呢？就连李安自己也自嘲说：“我想我如果有日本男人的气节的话，早该切腹自杀了。”在那段煎熬的日子里，他不断蛰伏着，就好像蝴蝶在蜕变之前所经历的一切环节，忍受着寂寞与孤独，忍受着枯燥和痛苦，但他最终以自己的耐心等来了那一天，终于，他成功了。虽然蜕变的代价是巨大的，但他已经忍受了过来，现在的他，只需要轻轻地努力就可以采摘成功的果实，生活对于他从来都是公平的。

人们常说："拥有天下非富有，心灵充实才可贵。"真正的投资高手都是内心强大的，他们能做到宁静致远，淡泊明志，在喧哗的外在环境中，依然能享受那一份属于自己的宁静，不为世事纷扰而忧心，而一心专注于自己的投资。的确，在很多情况下，投资都是单调乏味的，一些新手们确实不顾客观条件而寻找刺激，但是一旦算账的时候，他们就清楚地认识到了任性地寻找刺激是要付出代价的，所以，我们都必须培养自己的耐心和自制力，否则是很难在投资上获得成功的。

总之，忍耐枯燥与寂寞是投资成功的必经之路。坚持到底是我们不断超前奋进的动力，在这个过程中，就需要我们要有一颗耐得住寂寞的心。

任何投资都需要锲而不舍的精神

在生活中，我们经常提到"锲而不舍"，这个词很容易被我们说出来，但要做到的话却很难。美国前总统柯立芝说过："那些怀才不遇的人都有个共性，就是缺乏锲而不舍的精神。"投资行业也是如此。那么，什么是锲而不舍呢？锲而不舍是一种意志力。意志力可以定义为一个人性格特征中的核心力量，概而言之，意志力就是人本身。它是人的行动的驱动器，是人的各种努力的灵魂。

锲而不舍更是一种耐力，是在时间上的坚持，能持久挺过最困难的时期正是有耐力的体现。比如，在投资中，如果我们遇到了麻烦和阻碍，要勇于坦然面对，尤其是一时半会儿不能解决的问题，一定要做好长时间作战的打算，要有足够的耐心和耐力。

其实，很多投资成功者之所以能成功，就是因为他们有着锲而不舍的精神，他们在专注的过程中，经过了沮丧和危险的磨炼，最终获得成功。可能一些人认为自己在投资行业能一炮打响，认为自己能一炮冲天，那么，他一定是在做白日梦，就算他真的运气好，真的赚到了一笔钱，这笔钱来得很容易，那也是只是市场暂时借给他的，如果他不懂得即刻上岸，市场迟早会找他要回来的。如果真的想从投资中赚到钱，你还必须要积累知识，学到经验，也就是要成为该领域的专家。

事实上，我们发现，一些人在投资中迟迟赚不到钱，就是因为没有做到“锲而不舍”。每当他感到有压力的时候，就会一蹶不振，很难把失败的惩罚当作不断前进的新动力。任何想要成功的人，首先要学会的就是坚韧不拔，要能够超越失败，成功才会与你越来越近。

1819 年，在横跨得克萨斯州的火车上，一个大约 13 岁的男孩正在卖报纸和雪茄烟。当旅客们谈论有关投资方面的事情时，他总会全神贯注地听着。

这个卖报的孩子叫作威廉，他希望成为一个能预测未来的交易商。过往的人纷纷嘲笑他：“噢，祝你好运，没有人能预测未来。”

为了这个梦想，长大后的威廉整天躲在狭小的地下室里，将数百万根的 K 线一根根地画到纸上，再贴到墙上，接下来便对着这些 K 线静静地思索，有时他甚至能面对着一张 K 线图发几个小时的呆。

后来他干脆把美国证券市场的历史记录搜集到一起，在那些杂乱无章的数据中寻找着规律性的东西。由于没有客户，挣不到薪金，这个年轻人许多时候不得不靠朋友的接济勉强度日。

这样的情况延续了 6 年。这 6 年，威廉集中研究了美国证券市场的走势与古老数学、几何学和星象学的关系。

6 年后，他发现了有关证券市场发展趋势的最重要的预测方法，他把这一方法命名为“控制时间因素”。他在金融投资生涯中赚取了 5 亿美元，成为华尔街上靠研究理论而白手起家的神话人物。

他的全名是威廉·江恩，世界证券行业人尽皆知的最重要的“趋势理论”的创始人。

成功需要梦想，梦想需要坚持，这是一条最原始也是最简单的真理。诺贝尔奖获得者巴斯德曾豪迈地宣称：“告诉你达到目标的奥秘吧，我唯一的力量就是我的坚持精神。”需要持之以恒的原因就在于，世上凡是有价值的事情通常都是有一定难度的，不可能一蹴而就，因此只有持之以恒才能完成。

为此，生活中的人们，面对投资中的一些困境和挫折，你需要这样调节自己的心态：

1. 困难是磨砺人的意志、使你的心愈发坚强的一笔宝贵的财富

经历困难是一种痛苦，因为困难常常会使人走投无路，寸步难行，困难常常会使人失去生活的乐趣甚至生存的希望。但有过困难体验的人，都不会忘记在生活泥潭里奋力挣扎的情景。当你战胜苦难之后，这由苦难带来的痛苦往往也会变为千金难买的人生财富。

2. 胜利只属于坚持到最后的人

拥有坚韧和耐心，坚定必胜的信念，勇敢地与困难拼搏，就一定能有所成就。胜利只属于坚持到最后的人。成功的人之所以能够成功，是由于他们有坚忍不拔的毅力，更重要的是能够把失败化作无形的动力，从而最终反败为胜。

总之，生活中的人们，在投资中，不管遇到了怎样的情况，都要再坚持一下。很多情况下，也许看起来你遭到了失利，但其实是一双看不见的智慧之手强迫你改变方向，向着另一个更有利的方向前进。

你要有自己的投资理念和模式

生活中，相信不少投资者都遇到过这样的问题：我们在初次投资的时候，找不到方向，我们会借助书本上的知识或者听从朋友、前辈的建议，但是在具体的实践过程中发现，这些投资方法并不适合我们，最终导致的是我们投资的失利。在后来自己的多次摸索中，我们终于发现该如何定位自己。

的确，条条大路通罗马，赚钱的方式方法有很多，投资只是其中一种。在投资中，也有很多理念、模式，只要是适合自己的就是好的，只要是能为我们带来利润的就是好的，只要能让我们的投资之路走得轻快的就是好的。符合这

三个条件，我们在进行投资时才会有信心，也才会有意愿不断完善我们的模式，最终帮助我们赚取利润。

其实我们也知道，财富并不是轻而易举就能获得的，但艰难和困厄只是我们遇到的一次次严峻考验，假如能够保持清醒的头脑和冷静的态度，我们就可以寻找到突破口。

因此，生活中的人们，你需要记住的是，当投资陷入困厄中、找不到路时，你就应该想尽一切办法使自己的情绪安定下来，并使自己的头脑保持清醒，这样才能反省自己，才能看清你的投资理念和模式是否适合自己。

其实，在现实生活中，善于思考问题、善于改变思路的人总能给自己赢得机遇，在成功无望的时候创造出柳暗花明的奇迹。投资也是如此，你总会遇到各种条件的限制，但你的思路绝不能被钳制住，只要思路是活的，就一定能找到出路。

1916 年，位于犹他州的小镇弗纳尔准备修建一座砖砌的银行。这座银行将是小镇上的第一家银行。镇长买好了地，备好了建筑图纸，万事俱备。就在一切都进展顺利的时候，一个致命的障碍出现了。从盐湖城用火车运砖，每磅要 2.5 美元。这个昂贵的价格将断送掉一切：不会有足够的砖，也不会有银行了。

幸运的是，小镇里的一位商人开始以一个全新的角度来考虑这个问题。他想出了一个近乎愚蠢的主意——邮寄砖！结果是：包裹每磅 1.05 美元，比用火车运送便宜了一半的价钱。事实上，不仅是价格便宜了一半，而且邮寄过来的砖和火车货运过来的所用的是同一班列车。而就是这么一个货运和邮递之间的价格差异使情况完全不同了。

几周之内，邮寄的包裹像洪水般涌入小镇。每个包裹 7 块砖，刚好可以不超重。就这样，弗纳尔镇的居民很骄傲地拥有了他们的第一家银行。

一个人，在人生的各个阶段，难免会遇到各种不如意的事，而且并不是所有的问题都有好的解决方法，可是人们可以选择不同的方法解决这些事，就会得到不同的结果，这就是思路不同带来的，天无绝人之路。真正聪明的人会充分开动大脑，顺着好的思维方式，走向成功的快捷之路。

在现实生活中，很多时候，人们的痛苦都来源于不知道自己的真正出路在哪里，不知道自己到底适合干什么，从而把自己摆错了位置。此时，你应该冷静下来，积极思考，努力寻找出路。而如果你以相当充沛的精力长期从事一个项目，但仍旧看不到一点进步、一点成功的希望时，你就应该及早掉头，去寻找适合自己、更有希望的道路。

其实，投资中又何尝不是如此呢？如果你的某项投资一直没有看到收效，你就应该反思一下自己的投资是否正确。其实，如果你只会做“规定动作”，而不能突破自我、超越别人，就难以在投资中获利。而要摆脱和突破一种思维定势的束缚，常常都需要付出极大的努力。对此，你需要做到：

1. 培养灵活的个性

善于适应环境表现出了人的灵活的个性，它能调节与环境的关系；优化自己的心境和情绪；促进自己内在的动力。人们常说，性格决定命运，你一旦培养了自己这一方面的性格，也就获得了成功的入场券。

2. 眼光长远

这要求我们在投资中，不为小利小益局限自己的思维。一个人如果能眼光长远，必定能做到思维独到。

总之，从现在起，在投资中，当你的思维活动遇到障碍，陷入困境，难以再继续下去的时候，往往都有必要认真检查一下：我们的头脑中是否有某种定势思维在起束缚作用？我们是否应该换个角度去看问题了？

具备超前的想象力和对市场的判断

当今社会，知识和信息更新速度之快，更要求每个人以智谋取胜。投资领域也是如此，我们每个人都要有勇气，但光有勇气没有思想高度的人只是莽夫，是做不成大事的。我们先来看这样一个小故事：

一百多年前，有个叫汉弗莱·波特的少年，人家雇他坐在一台讨厌的蒸汽发动机旁边，每当操纵杆敲下来，就把废蒸汽放出来。他是个懒汉，觉得这活儿太累人，于是在机器上装了几条铁丝和螺栓，这样，阀门就可以靠这些东西自动开关了。这么一来，他不但可以脱身走掉，玩个痛快，而且发动机的功率立刻提高了一倍。他不经意地发现了经复式发动机活塞的原理。

“想象力比知识更重要”，这是爱因斯坦的话。的确，只是一个小小的改动，就大大提高了效益，这就是想象力。在投资领域，我们也要学习故事中这位少年的智慧，光努力是不够的，还要多动脑，多思考，这样才能真正做出成绩。

投资者应该有超前的想象力，并不是说投资者应该具备他人所不具备的第六感，而是他们应该能从繁杂的信息中找到头绪。一般情况下，我们都能从今天发生的事情中推断出即将发生的事，但优秀的投资者则会看得更远，他们更会知道当下的投资状况会在什么情形下停滞或者发生逆转。他们也并不是比一般人聪明，而是因为他们善于独立思考，而且不会让自己的思维受限，他们能在事情发生改变时立即采取措施，以使投资有利于自己。

当然除了想象力以外，我们还要对市场有敏锐和准确的判断，毕竟任何一项投资，市场都是我们首先应该考虑的。我们来看看石油大王洛克菲勒的故事。

石油大王约翰·洛克菲勒幼年时过着动荡不安的生活，他跟随父母搬迁过好几个地方。11 岁时，父亲因一桩诉讼案而出逃。父亲失踪后，11 岁的洛克菲勒就担起了家里生活的重担。

后来，洛克菲勒在商业专科学校学习了三个月，学会了会计和银行学之后，就辍学了。从学校出来，他到休伊特·塔特尔公司做会计助理。他把工作当成了学习的机会。洛克菲勒认真地听休伊特和塔特尔讨论有关出纳的问题。每次在公司交水电费的时候，老板只看总金额，洛克菲勒却要逐项核查后才付款。一次公司高价购买的大理石有瑕疵，洛克菲勒巧妙地为公司索回赔偿。休伊特很欣赏他，就给他加了薪。

一次，洛克菲勒从一则新闻报道中得知由于气候原因英国农作物大面积减产。于是他建议老板大量收购粮食和火腿，老板听从了他的建议。公司因此而获取了巨额的利润。洛克菲勒要求加薪，但遭到了拒绝。于是洛克菲勒离开公司决定创业。洛克菲勒只有 800 元，而创办一家谷物牧草经纪公司至少也得 4000 元。于是他和克拉克合伙创业，每人各出 2000 元。洛克菲勒想办法又筹集了 1200 元，才凑够了 2000 元。这一年，美国中西部遭受了霜灾，农民要求以来年的谷物作抵押，请求洛克菲勒的公司为他们支付定金。公司没有那么多资金，洛克菲勒从银行贷款，满足了农民的需要。经过一年的苦心经营，获利 4000 美元。而如今，洛克菲勒中心的 53 层摩天大楼坐落在美国纽约第五大道上。这里也是标准石油公司的所在地。标准石油公司创立之初（1870 年）仅有 5 个人，而今天该公司拥有股东 30 万美元，油轮 500 多艘，年收入已达五六百亿美元，可以说，这里的一举一动牵动着国际石油市场的每一根神经。

世界首富比尔·盖茨把洛克菲勒作为自己唯一的崇拜对象，他说："我心目中的赚钱英雄只有一个名字，那就是洛克菲勒。"有人说："美国早期的富豪，多半靠机遇成功，唯有约翰·洛克菲勒例外。"因为他懂得用智谋取胜，他有一双发现机会的慧眼。他从为别人打工开始，就显示出了与众不同的智慧，后来他又从"英国农作物大面积减产"这一信息中发现了巨大的商机。只有全身心地投入到工作中，不断思考怎样把工作做好的人，才能拥有一双发现机会的慧眼。

因此，无论你投资的是什么，你不仅需要勇气，还需要智谋。审时度势，运筹帷幄，才能决胜千里。

第03章 掌握让你富足一生的几点投资理念

提到投资，我们就不得不说到“投资理念”。这一概念，我们一般人都知道，但真正理解其含义或重要性的投资者则较少。而能够有正确的投资理念并严格执行的人，就少之又少。所以，长期来看从投资中赚到钱的人总是少数，一些人用了几年甚至是十年时间不仅没赚到钱，还耗费了大量的精力，可谓“人财两空”。其中的原因可能有多方面，但在投资过程没有形成自己正确的投资理念、思路或方法是一个最重要原因。事实上，任何一个成功的投资者都有一套自己的理念或思路、方法等，并严格执行。那么，接下来，我们就来学习一些让我们能富足一生的投资理念。

不但要努力工作，还要学会投资

身处 21 世纪的今天，理财投资几乎是每个成年人都要关心的话题，尤其是对于拿着固定又微薄的薪水的上班族来说，学点投资技能是必要的。我们都知道，当今社会，物价飞涨、货币贬值，我们必须要寻找经济出路，而理财和投资能为我们增加财富，从而改善生活品质。所以我们要记住的是，现代社会，不但要努力工作，还要学会投资，不然我们只能受穷。我们先来看看下面一则故事。

陈明和王斌是大学同学，而且毕业后在同一个城市工作，也选择了同样的行业，所以，刚开始，他们薪水都差不多，也存不到什么钱。然而，就在第二年的时候，陈明就告诉自己的好朋友王斌要买房了。王斌听完以后，简直不敢相信，要知道，在这个寸土寸金的城市买房，不是什么人都敢开口的。

而且，他们都是才开始工作的小伙子，就是工作多年、小有积蓄的人也不敢说这样的话。但是，陈明有自己的想法，他认定此时买房是绝佳时期。虽然手头存款只有几万，但是加上家里的资助，首付是绝对没问题的。另外，陈明和他女朋友两个人的工资完全可以支付按揭了。果不出其所料，这套房子在第二年价格就翻了一倍。此时，陈明赶紧趁机将其出售，并用买房的钱为自己买了一套小型公寓，还买了一辆小跑车。这样，他和女朋友在这个城市也有了落脚之地。

在毕业不到三年的时间里，陈明就凭借自己出色的投资能力成为这个城市的有房有车一族，而他的好朋友王斌因为对投资理财一窍不通，只是按部就班地努力工作，然后每月将薪水存入银行中。接下来的三年时间里，虽然他的存折上的钱在不断增多，但是其购买力却并没有相应增长。

生活中，我们不少人已经认识到了理财的重要性，也有人开始投资，但是却没有一个理性的投资计划。比如，一些人看到别人在股市赚到了钱，就跟风炒股，把钱投进股市里，结果遇上熊市，血本无归。这样的人无疑是吃了偷懒的亏，要知道，投资也不是天上掉馅饼的，不努力而寄希望于投机取巧，世间哪有这样好的事呢？我们也看到一些人会查资料、翻报纸、看杂志、问口碑，勤快得很，但一旦真进行投资了，就不管了。

一些信托公司会告诉你购买他们的基金就高枕无忧了，但如果你真的有这样懒惰的心理，还是不宜投资。因为这懒惰的性格，可能会造成血本无归的下场。比方说，有人投资中赚了高兴，而一旦赔了，就安慰自己“没卖就没赔”，后来一直放在手中不卖，亏到连本都拿不回来，再后悔也为时已晚。所以投资要勤快，而且要持续地勤快。

另外，你需要多了解一些财经知识，千万不要以为这只是财经界人士的事情。因为你的生活处处充满着投资的学问。另外，多跟一些投资高手交流，或许，你会得到意外的收获。

还有，无论你现在准备投资做什么，你都必须要有创新意识，要敢做敢想，要敢于投资那些别人不敢涉足的领域。

《福布斯》杂志 2000 年度公布的中国内地拥有巨额财产的 50 位企业家的名单中，年轻的阎俊杰、张璨夫妇因拥有 1.2 亿美元的财富而名列第 23 位。另据《粤港信息日报》报道，张璨名列由有关部门策划并组织的“当今中国最具影响力的十大富豪”之一，是十大富豪中唯一的也是最年轻的女性，在这份资料中，张璨的个人资产超过了 25 亿。

张璨，女，北京达因集团董事，北京达因科技发展总公司董事长。张璨致力于推进我国民营高科技产业发展和科技进步事业，刻苦创业，在高新技术产业化方面做出了突出贡献。1987 年，她领导的企业率先在中国拓展 EPSON 系列打印机市场；1992 年，她领导的企业在中国市场大规模销售康柏电脑；1994

年，达因成为康柏在亚洲的最大代理商；达因网络工程师部为人民大会堂和多家银行等国内大型机构提供了先进的网络服务。目前达因正在我国部分地区尝试建立“互联网络”。达因正在建立自己的大型显示器厂，并致力于发展自己的电脑技术，发展达因品牌的计算机产业。“达因”已成为具有国际影响的电脑行业服务标志。

1995 年，张璨投资 2000 万元与北京大学合作成立了北大达因生命科学工程有限公司。目前，生物工程科学研究与开发已成为达因高科技产业群体的重要支柱。

张璨说：“我觉得一个人最重要的是要有一个梦想，这个梦想可以很大，也可以很小，这需要依靠你的个性和能力去决定。然后你为了实现这个梦想去努力，去奋斗，其实就够了。”张璨的投资创业经历是曲折的、艰辛的，但我们能看到的是，她的成功是必然的，因为她致力于科技进步，这本身就是一条与众不同的创业路，最终，她成功了。

总之，现代社会渴望财富的人们，都不要再死守你的一亩三分田了。尝试去发现新的事物，尝试学习并做一些投资，你会有所成就。

投资理财，越早越好

我们都是社会中的普通人，我们需要面对日常起居饮食、水电费、住房支出、交友支出、个人、进修支出等诸多生活开支，加之买车买房、结婚生子等，花钱的项目越来越多，而收入却有限，这便需要合理的投资理财，科学地订立人生规划。因此，投资理财，要趁早。

生活中，很多年轻人总认为理财投资是中年人的事，或是有钱人的事，其实投资能否致富与金钱的多寡关系并不是很大，反而与时间长短之间的关联紧密。人到了中年面临退休，手中有点闲钱时，才想到为自己退休后的经济来源做准备，却为时已晚。原因是时间不够长，无法使复利发挥作用。要让小钱变大钱，至少需要二三十年以上的时间，所以理财活动越早越好，并养成持之以恒、长期等待的耐心。

被公认为股票投资之神的沃伦·巴菲特相信投资的不二法门是，在价钱好的时候，买入公司的股票且长期持有，只要这些公司有持续良好的业绩，就不要把他们的股票卖出。巴菲特从 11 岁就开始投资股市，他之所以能靠投资理财创造出巨大的财富，完全是靠 60 年的岁月，慢慢地在复利的作用下创造出来的；而且他自小就开始培养尝试错误的经验，这对他日后的投资功力有关键性的影响。

越早开始投资，利上滚利的时间越长，便会越早达到致富的目标。如果时间是理财不可或缺的要素，那么争取时间的最佳策略就是“心动不如行动”。现在就开始理财，就从今天开始行动吧！为此，你需要记住几点：

1. 树立正确的人生理财观

不少投资新手，对投资比较陌生，如果不调整好心态，不培养自己正确的理财观，很容易陷入错误理解的误区。

我们投资理财的目的是，通过建立科学合理的理财规划，达到个人资产的保值增值，平衡一生的收入支出以满足人生各个阶段的目标需求。

我们在业余时间可以通过学习了解投资方面的相关信息，通过广泛涉猎基金、股票、黄金、债券等投资类知识，学会阅读宏观经济数据，大体了解当前国内金融经济现状及发展趋势；积极地与周围人讨论对投资方面的一些看法；如果有时间的话可以跟银行等金融机构的专业理财师交流，从而加深你对投资理财的认识，以形成自己的理财理念。

2. 明确收支，留住结余

要投资，首先一定要有本金，这是最基础的部分，然后才能生财。

可能你会说，你手头积蓄不多，对此，你要想每月都有一定的结余，必须养成一种良好的理财习惯。比如，充分了解个人财务状况，明确每个月的收入是多少、支出有哪几项、每月的收支结余是多少等；养成良好的记账习惯，日常消费开支要索取发票、购物小票并及时登记家计支出明细表，月底整理所有购物小票，汇总编制家庭资产负债表及收支储蓄表，通过比率分析，可以查明超支项，仔细思考原因以便下个月及时更正，增加储蓄。聚财贵在坚持，或许一开始，收支结余微乎其微，但是每个月都有或多或少的结余，长时间积累起来便是自己的一笔财富。

3. 适当投资，选择合适你的投资领域

对于投资，我们必须要有充分的认识，因为任何投资都是有风险的，高收益必定伴随着高风险。在进行投资之前，可以跟专业的金融理财师进行详细交谈，充分了解自己的投资风险属性，并认真阅读产品说明书，详细了解该产品的投资方向及目标客户，在金融理财师的建议下，选择适合自己的投资理财产品。

比如，如果你想降低风险的话，可以做一份基金定投，作为一个长期投资兼强行储蓄。定投可以熨平各个经济阶段的投资风险，获得较高的收益。同时手头要留有一定的现金，以备不时之需。

4. 订立人生目标，早做个人理财规划

如果你是个刚进入社会的年轻人，对于未来，你要有清醒的认识。未来你要做的有买房、买车、结婚、生子、子女教育、个人进修、休闲旅游、退休等，每一件事情都是人生必须经历的阶段，都需要一笔不小的开支。为了确保这些目标在不同的人生阶段都能够顺利实现，必须及早规划个人资产，给自己提供一个稳定的未来预期。可以在金融理财师的指导下，建立科学的中长期目标，根据个人收入支出状况、增长比率及投资收益率等做一份个人综合理财规划，日常的财务收支仅仅围绕这一理财规划，以便在不同的人生阶段各个目标都能够顺利实现，无后顾之忧。

为此，理财师向我们提出五项投资建议：

（1）现在就开始进行理财规划；

（2）定出目前重要的理财目标——子女教育金、退休金等；

（3）选择适合自己的投资方式；

（4）选个好的股票，每月定期定额投资，强迫储蓄；

（5）选择理财产品时“不要将所有的鸡蛋放在同一个篮子里”，灵活运用多种理财方式。

总之，我们应该将投资理财伴随着每个人的一生，你不理财，财不理你，学会投资理财，越早越好！

投资前一定要看准市场

当今社会，市场竞争异常激烈，市场风云瞬息万变，市场信息流的传播速度大大加快。我们都在寻找可以投资的市场，可以说，谁能抢先一步获得信息、抢先一步做出调整以应对市场变化，谁就能捷足先登，独占商机，获得财富。那么，在投资中，我们该如何选择市场呢？

投资专家告诉我们，如果你想要投资成功，就要避开那些饱和的市场，而选择他人没有涉足的区域。这一长远眼光的发展战略，不但能避开强劲的竞争对手的拼杀，而且独自开发了一个前景广阔的市场。

相信很多人都听过李玟阳这个名字，她被人们称为商业奇才，她的成功靠的也不只是幸运，一个二十多岁的女子搏击商海，终于闯出了自己的一方天地。她不仅能让富家子弟模仿学习，也可以成为白手起家创业者的借鉴榜样。

和其他很多创业者不同的是，李玟阳创业并不是被贫穷的生活所逼，相反，她出生于成都一个富裕家庭，是家里的独生女。但实际上，含着“金钥匙”出生的她却始终坚持，创业要靠自己。

无论是在艺术还是体育方面，李玟阳都表现出了出色的天赋。不到 15 岁就考上了省内一家重点大学的金融专业，当时她也是这个专业年龄最小的学生。

大学毕业后，在尝试了几份工作以后，她爱上了营销。随后，2000 年，她终于瞒着家里做了人生第一笔独立的投资——在成都市区繁华的盐市口地段开了一家服装店。半年后，直到生意已经很好了，她父母才从别人那里听到了这一消息。

李玟阳随后就成立了一家贸易公司，主营医疗器械的进出口，以及机电工程项目、工厂项目的自动化系统和设备装置等。她挂职董事长、总经理两个头衔。这一次，父母虽说让她自己发展，但在很多项目中还是充当了幕后推手角色。

在经营这家公司时，她完成了一个经典运作：2002 年，成都一家高校企业要完成一个污水处理项目，李玟阳先承包了其中很大一块，然后分包给几个不同的公司。

虽然这种模式现在已很普遍，但在当时尚属少见。这种创新之举让她在短短的几个月内赚了近千万元。

2002 年前后，她开始寻找新的投资项目，并打算独立操刀。她先后考察过高校、水电、煤矿等多个项目，最终看中了广安华蓥的一家水泥厂。

在此期间，她认识了现在的丈夫，另一位企业家。在李玟阳的眼里，丈夫是个上进的人，家里也很赞成，因此从恋爱到结婚的时间并不长。夫妇俩很快就收购了这家水泥厂，紧接着又收购了当地的另外一家大的水泥厂，前后共投入了 3000 多万元。

经过努力，两个厂红火起来，资产规模达到了数亿元。那时，她丈夫主管生产和设备，而她负责营销和财务。他们的事业达到了一个新的高峰，李玟阳也在华蓥成了无人不晓的人物。然而像不少富豪一样，他们也开始收到一些不怀好意者的恐吓。最惊险的一次是在 2004 年，她走在街道上，忽然被 4 个男子胁持。当时，来人把刀子比在她腰间，威逼她在一些生意事务上做出让步。虽然那次她在身体上并没有受到大的伤害，但是像很多企业家一样，她开始学会保持一定程度的低调。

2005 年，她接手一家经营惨淡的酒楼后，便为其经营赋予了难以复制的古文化概念，短时期内就在成都餐饮界确立了自己的地位。

投资就是这样，你先抢一步，发现空缺的市场，就能得到金子；而你步人后尘，东施效颦，得到的可能就是失败。

为此，我们需要记住以下三点：

（1）找到市场空缺；

（2）把投资眼光放在别人不屑投资的项目上；

（3）对于那些已成态势的领域，就要做出特色。

总之，一个优秀的投资者，在制定任何投资决策的时候，都必须建立在开阔的视野、深邃的洞察力上。只有这样，才能寻找到合适的投资市场，发展你的投资计划。

找到最适合自己的投资领域

生活中，我们常听到有人感叹于那些成功的投资者：“我要是有那样的运气就该好了。”事实上，那些成功的投资者之所以能攫取财富并不只是靠运气，更是因为他们的努力，尤其是他们有着独到的眼光，他们打的是有准备之战——他们从不涉猎那些自己不熟悉的领域，而是专攻自己擅长的行业。可以说，这是失败的投资者和投资高手间的最大的区别之一。

因此，渴望获得财富的人们，在投资中，也要找到自己最擅长和合适的领域，在规划自己的理财道路上，绝不能人云亦云。

接下来，我们来看看家喻户晓的奢侈品品牌香奈儿是如何被创立和发展的。

法国女子嘉布瑞拉·香奈尔创立的香奈儿服饰风靡于 20 世纪 20~30 年代，至今香奈儿品牌仍是是世界著名的品牌之一。她是服装史上一位非凡的女性，她一生中曾在两个时期准确无误地预见和把握时装潮流的趋向，两度把全世界女性的服装进行了全面革新，创造了服装史上的奇迹，成为“世界上 50 位最伟大的服装设计师”之一。在服装史上，如果说波烈品牌改变了妇女的装束，那么，香奈尔品牌则真正引领了 20 世纪时装的变革。

香奈儿生于一对贫穷夫妇家中，父亲是小贩，母亲是牧家女。母亲在生下第五个孩子的第二年就去世了，那一年香奈儿才 12 岁。父亲把孩子们留给别人照料，只身到了美国闯荡。在随后的日子里，香奈尔受尽了屈辱。痛苦的经历使香奈尔产生了摆脱贫贱的强烈渴望。她性格刚毅，卓尔不群，什么都敢试一试。香奈尔的“胆大妄为”，让她成了服饰潮流的领跑者。

香奈尔有着倔强的不安定的天性和爆炸性的创造力。据传，她在一次操作加热炉时，炉子突然爆炸而烧去了她几绺长发，她索性拿起剪刀把长发剪成了超短发型。在她走进芭蕾舞剧院之后的第二天，巴黎的贵妇们纷纷找理发师给她们剪“香奈尔型”发型。这种创新力，是她事业的灵魂。

香奈尔作为历史上一位最伟大与最具影响力的高级时装设计师，总是走在时装界的前列。在过去的 100 年中，无论是在时装设计上，还是在对人生的态度上，她都是女性追求的先导和典范。因为香奈尔能把握住时代的脉搏。诚如她所言：“某一个世界即将消失的同时，另一个世界也正在诞生，我就在那个新的世界。机会已经来临了，而我也掌握住了，我和这个新世纪同时诞生。”她自豪地说：“我是第一个生活在这个世纪里的人。”战后的巴黎，不再犹豫，服装简洁了，裙子短了，发式短了，香奈尔的运动衫、项链、色彩，恰是 20 世纪 20 年代的典型风范。

的确，香奈尔在服装行业是有天赋的，正因为认识到自己对这一行业的热爱和兴趣，她才会“胆大妄为”，才会有创新能力，她才会成为服饰潮流的领跑者。“某一个世界即将消失的同时，另一个世界也正在诞生，我就在那个新的世界。机会已经来临了，而我也掌握住了，我和这个新世纪同时诞生。”所以，我们可以说，不是每个人都能成为香奈尔。

生活中的投资者们，经历过数次失败的创业者们，你是否反省过：为什么屡次投资你都失败？为什么亏损了你也不知道原因？为什么总喜欢跟在别人后面选择投资方向？原因都是你没有找到适合自己的领域，对于不擅长的工作，我们摔跤的可能性自然很大。

为此，在正式投资之前，我们最好做到：

1. 客观地评价自己，了解自己

这就需要你知道自己热爱什么，对什么行业更有兴趣。虽然投资是金钱的游戏，但带着兴趣去投资，会更有耐心和成就感。

2. 积淀自己在该领域的知识储备，做到厚积薄发

投资任何行业，都需要我们投入其中，需要真正了解该行业的历史、动态、发展方向等。毕竟，有的放矢的投资获益的可能性才更大。

3. 敢于改变现状，跳出现在的圈子

年轻就是资本，失败了大不了重新来过，当下的这片天固然很蓝，但充其量现在的你只能是井底之蛙，更广阔的天空需要你跳出现在的藩篱。

那么，你有足够的勇气吗？任何事都不会一帆风顺，都有艰险，投资也是。如果因为风险的存在而不去冒险，如果你宁愿生活在父母长辈为自己编织的美梦中，宁愿固守自己的一片天地而不愿尝试，那么，你只能与财富无缘。

总之，在投资领域，真正的财富都是来源于深入了解和分析，绝不是凭运气获得，这就需要我们选择适合自己的领域，然后稳扎稳打地进行了解、投资。

包赚不赔的投资秘籍根本不存在

在生活中，相信我们每个人都希望获得成功，获得财富，财富带来的是物质生活的改善，能帮助我们实现某些愿望。如何获得财富是很多人探究的问题，随着投资市场的不断健全，不少人也开始学习投资。确实有不少人投资成功，获得了财富，但也有不少人投资失利，损失不少。究其原因，一些人是因为盲目投资，还有一些人是听信了稳赚不赔的谣言，然而所谓的包赚不赔的投资秘籍根本就不存在。所以，在投资市场，不要听信于任何人传播的投资信息，更不要指望那些所谓的投资秘籍，要有自己的判断力，“股神”巴菲特曾说：“几乎所有的投资都是来自我的直觉”。巴菲特这句话的意思是，在投资市场，要相信自己的直觉，跟着别人的脚步投资是不会有大财的。

“在别人贪婪的时候恐惧，在别人恐惧的时候贪婪”，这是巴菲特的投资名言。提到投资，提到股票，无一例外，人们都会想到巴菲特的名字，他是投资界的代表人物，他本人有过很多辉煌的成功案例。

从20世纪60年代廉价收购了濒临破产的伯克希尔公司开始，巴菲特创造了一个又一个的投资神话。有人计算过，如果在1956年，你的祖父母给你10000美元，并要求你和巴菲特共同投资，如果你非常走运或者说很有远见，你的资金就会获得27000多倍的惊人回报，而同期的道琼斯工业股票平均价格指数仅仅上升了大约11倍。无怪乎有些人把伯克希尔股票称为“人们拼命想要得到的一件礼物”。在美国，伯克希尔公司的净资产排名第五，位居美国在线时代华纳、花旗集团、埃克森美孚石油公司和维亚康姆公司之后。

巴菲特能取得如此辉煌的成就，得益于他自己所信奉的原则，他后来将其总结为“巴菲特定律”。无数投资人士的成功，无不或明或暗地遵从着这个定律。然而，他也有投资失利的时候。

2008年，全球行业都遭到金融危机的影响，即使是巴菲特也不例外。当时，他的身价已经缩水到100多亿美元。当时的油价接近了美国历史的最高位，于是，他大量增持了美国第三大石油公司康菲石油公司股票，达到了8490万股，导致自己的公司损失了数10亿美元。

后来巴菲特对外声称：他没有预料到能源价格会在去年下半年的时候急剧下降，并低估了金融危机的严重性，从而导致了投资的失败。

就连一向经验老到的“股神”巴菲特也无法获知准确的信息，犯下了投资错误，这更充分说明了“包赚不赔的投资秘籍”在现实中是不存在的。尽管巴菲特的决策是从自我最大利益出发，并收集了很多有用的信息，经过分析和推理得出，但是依然免不了投资的失利，这更加证实了前面我们说的投资具有风险性这一事实。

可见，我们在投资时，如果想成功，也要记住巴菲特的话，投资市场没有一成不变的模式，我们不可抱有幻想，希望借助于他人的帮助或者投机取巧来获得财富，真正让我们赚钱的方法只有一条：积累经验和知识，并选择好投资的市场和领域。对于这一点，巴菲特告诉我们，最好要避开那些饱和的市场，而选择他人没有涉足的区域。这一长远眼光的发展战略，不但能避开强劲的竞争对手的拼杀，而且独自开发了一个前景广阔的市场。

另外，巴菲特还总结了十项投资要点：

（1）投资要有规律；

（2）明确买价，它决定你报酬率的高低；

（3）税负的避免和利润的复合增长与交易费用使投资人受益无穷；

（4）不在意一家公司来年可赚多少，仅有意未来五至十年能赚多少；

（5）价值型与成长型的投资理念是相通的：价值是一项投资未来现金流量的折现值，而成长只是用来决定价值的预测过程；

（6）通货膨胀是投资者的最大敌人；

（7）要把投资对象放到未来收益高的企业；

（8）投资人要对所投资的企业进行全面了解，才能获得财务上的成功；

（9）“安全边际”从两个方面协助你的投资：首先是缓冲可能的价格风险，其次是可获得相对高的权益报酬率；

（10）拥有一只股票，期待它下个星期就上涨，是十分愚蠢的。

用闲置资金投资，不能倾囊而出

中国有个成语叫“居安思危”，讲的是人们处在安定的环境中要想到可能产生的危难祸害的情况。人们用居安思危这个词用来比喻要提高警惕，以防祸患。也就是说，人们如果时刻都有忧患意识，在完成事情过程中不敢有丝毫的懈怠，那么便能达到成功的目的；如果安于享受，抱着今朝有酒今朝醉的态度去生活，那么就有可能真的会招来失败了。

这一点同样适用于投资活动。诚然，我们都希望通过投资来获得财富，来改善自己的生活状态，来完成自己的某些愿望，但投资是建立在有闲置资金的基础上，如果我们拿基本的生活资本来投资的话，万一投资失败，我们便无处安身了。毕竟投资都有风险，因此，聪明的投资者会有危机意识，他们不会倾囊而出地投资，而是懂得未雨绸缪，始终都会为自己想好下一步的路该如何走。

春秋时期，有一次宋、齐、晋、卫等十二国联合出兵攻打郑国。郑国国君慌了，急忙向十二国中最大的晋国求和，得到了晋国的同意，其余十一国也就停止了进攻。郑国为了表示感谢，给晋国送去了大批礼物，其中有：著名乐师三人、配齐甲兵的成套兵车共一百辆、歌女十六人，还有许多钟磬之类的乐器。

晋国的国君晋悼公见了这么多的礼物，非常高兴，将八个歌女分赠给他的功臣魏绛，说："你这几年为我出谋划策，事情办得都很顺利，我们好比奏乐一样地和谐合拍，真是太好了。现在让咱俩一同来享受吧！"可是，魏绛谢绝了晋悼公的分赠，并且劝告晋悼公说："咱们国家的事情之所以办得顺利，首先应归功于您的才能，其次是靠同僚们齐心协力，我个人有什么贡献可言呢？但愿您在享受安乐的同时，能想到国家还有许多事情要办。《书经》上有句话说得好：'居安思危，思则有备，有备无患。'现谨以此话规劝主公！"

魏绛这番远见卓识而又语重心长的话，使晋悼公听了很受感动，高兴地接受了魏绛的意见，从此对他更加敬重。

这个故事中，魏绛就是个有远见卓识的人。他对晋悼公说的这番话同样告诉生活中的人们，做人要有忧患的危机感。借用现代的流行语言来说，就是要有生存的危机意识。因为，你自认为自己的命好，但是运气并不一定就好，就是运气好，也不一定就能获得成功。

的确，未来是无法预测的，即使你现在春风得意，也不能保证明天会如此。就是因为这样，我们才要有一种危机意识，在心理及实际行为上都要有所准备，好应付突如其来的变化。在这种意识下，我们有必要在投资中也为自己多留点余地，不要将所有资金都投放出去。相反，如果没有准备，不要谈应变，光是心理受到的打击就会让你手足无措。有危机意识，或许不能把问题彻底消灭，但却可以把损失降低，为自己留得退路。

那么，在具体的投资中，我们该如何做呢？这可以分成两个方面来谈。

1. 做好心理准备

也就是说，我们在心理上，要做好随时备战的准备，只有有足够的心理承受能力，才能在遇事时做到冷静处理、不慌不乱。

2. 留有一部分资金用于生活、工作和处理人际关系等方面

人有旦夕祸福，如果有意外情况的发生，要想到以后的日子怎么过，如何才能解决困难？世界上没有永久不变的事情，投资万一失手了怎么办？万一自己的身体健康出了问题，又该如何办呢？

其实，在我们的生活中，可能出现的意外情况太多了，我们一定要有“万一……怎么办”的危机意识，并且要做到未雨绸缪，预先做好充分的准备。尤其关乎前程与一家人生活的事业，比如投资，更应该有危机意识，随时把“万一”握在手心里。只要心理有所准备了，你自然就不会太高枕无忧了。

第04章 掌握一定的投资原则

我们做任何投资都是为了赚钱，然而任何投资都带有风险，而且一些投资项目是高风险的，可以说，投资中风险无处不在、无时不在，而且没有任何方法可以完全回避风险。作为投资者，应随时具有风险意识，并尽可能地将风险降至最低程度。这就需要我们掌握一定的投资原则，尽量规避和降低某些风险，否则，一不小心，不仅血本无归，而且后患无穷。

止损是第一原则

我们都知道，市场并不是任何一个个人可以控制的，不可预测性和波动性是市场的最基本特征，也是市场存在的基础，正因为这样，依赖于市场的投资的风险也就产生了。在交易中，没有确定性，建立于我们知识和经验基础上的分析预测仅仅只是一种可能性，根据这种可能性而进行的交易自然是不确定的，不确定的行为必须得有措施来控制其风险的扩大，此时，就有了投资中我们常说的术语——止损。

止损是人类在交易过程中顺势产生的，并不是谁炒作的结果。我们可以说，止损是投资者保护自己的一种本能反应，市场的不确定性造就了止损存在的必要性和重要性。

任何一个投资高手可能都有自己的交易方式，这是不同点，但他们都有一个共同特征——止损能保障他们获取成功。世界投资大师索罗斯说过，投资本身没有风险，失控的投资才有风险。相对于我们所渴望的获利来说，止损其实更重要，千万别和亏损谈恋爱。因为在任何情况下，我们最需要保证的就是我们的本金，保本第一，盈利第二，所以我们一定要把止损当成第一原则，谨慎的止损原则的核心在于不让亏损持续扩大。

我们都必须深知止损对于我们投资的意义，但是这并不是结果，我们要达到的目的是真正控制了投资的风险。然而，在实际的投资过程中，我们发现，投资者在行动之前设置了止损而在实际操作过程中没有执行的例子实在太多了。在投资市场，这样的悲剧也在每天上演。止损为何如此艰难？

其一，侥幸的心理作祟。

某些投资者尽管也知道当时自己所投资的领域环境不好自己也正在亏损，但他们依然抱着再等等、再看看的心态，希望能有回旋的余地，但最终导致自己错过止损的大好时机，从而亏损严重。

其二，行情的起伏波动让投资者犹豫不决。

在投资过程中，难免会出现因为判断失误而进行的错误止损，这些记忆都存在于投资者的脑海中，进而影响了他们在下一次止损过程中的判断。

其三，谁都不想止损，这意味着我们赚不到钱，所以止损是对人性的一种挑战和考验。

事实上，我们每做的一次交易都是存在风险的，我们都无法确定是正确的还是错误的，即便当时盈利了，我们也无法确定接下来该做什么。要知道，人是有追求金钱的本能的，这让每一位投资者不愿意少盈利，更不愿多亏损。

然而，对于止损，我们必须记住三点：

1. 不设止损不进场

在任何一场投资中，没有止损措施是要吃大亏的，一波较大的调整就可以让你损失过半。因此投资者进行投资的第一件事，不是想到自己会赚多少利润，而是看自己最大会亏多少。即便是那些你认为十拿九稳的投资，你也要设定止损位。

投资市场处处是风险，没有人能掌控，所以，设定止损位，即是做好最坏的打算，万一发生风险，止损位可以把亏损控制在可以忍受的范围之内。

2. 止损计划必须严格执行

不执行的止损计划形同虚设。当然，这个道理谁都明白，但执行起来却颇有难度。不少投资者害怕的是在自己卖出后股票又再次上涨，这让他们做决策时开始犹豫起来。

要督促自己严格执行计划的最好办法是，经常回忆曾经有过的最大失误。对失败案例的痛苦回忆，会坚定你执行计划的决心。

证券市场的自由之处在于没有人会领导你、干涉你，但没有约束的地方注定也是犯错误最多的地方。投资者要对自己有一定的约束力，而且这一重要性超过了一切技术性。这个道理，越早投资的人，越是领悟得深。

不过，我们还应看到在实际操作中，止损的操作是有一定的灵活性的，可能一些人会产生疑问：有没有一个普遍可以接受的止损位？尽管我们也在市场上找到很多相关的书籍，但真正的效果却不尽如人意。关键是运用不同的操作方法，应对不同的市场，在不同的盈亏状态中，应使用灵活的、不同的止损位。

此外，应对不同的市场也有不同的方法。在投资市场中，如若处于强势市场中，止损位应相对窄些，执行上限；平衡市中，执行中限；弱市中，执行下限。另外，处于弱市时候，一般不应买进，但弱市中出现明显的热点时，也可以参与。由于市场较弱，资金回调的幅度也会大些，止损位过窄，可能导致频繁止损。

不要把鸡蛋放在同一个篮子里

“不要把鸡蛋放在同一个篮子里”是投资者理财生活中的一句至理名言。它提示了投资者进行多元化投资，分散投资风险的重要性。

我们都知道，投资风险是很难控制或预测的，迄今为止，世界上还没有一种只赚不亏的投资理论，但是通过分散投资确实能够起到防止“一荣俱荣，一损俱损”的状况。分散投资，就是将自己的资金分布在不同的领域，包括地域，让不同投资产品各自的缺陷相互弥补，保障整个投资组合的安全。因此，对一个成熟的投资者而言，他的投资组合应当充分考虑到资产配置的需要，而不是将所有的鸡蛋统统放在一个篮子里。

对于我们个体投资者来说，我们希望的是，借助于投资产品和理财工具，实现财富的保值和增值，从而拥有更加美好的财富人生。但是不可否认的是，单一的投资产品都有着其不可避免的局限性。比如，国内投资者最钟爱的股票产品，波动性大，风险高，既能把投资者带到财富的天堂，又能把投资者送至亏损的地狱。房产投资是公认的抵御通胀的有效投资产品，在房地产市场火爆的时期，为很多投资者带来了巨大的财富效应。但是它容易受到外部政策的影响，流通性也比较差，如果把所有的鸡蛋都放在房产这个篮子里，很容易引起资金链的断档，带来变现能力的困难。债券产品虽然稳健，但它的收益率往往比较有限，过度集中在这一产品上，会导致获利能力的削弱，造成无形中的资本浪费。

举个例子来说，2000 年初，全球网络、电讯、科技股发生有史以来最不可思议的崩盘，很多上市公司的股价下跌超过 95% 以上，几乎就要下市了，即便是目前股价还不错的雅虎、亚马逊都曾经跌到只剩下水饺价。大家试想，如果当初你把资金集中在网络、电讯、科技股的投资上，你承受得起那么巨大的损失吗？

有的人会说，分散投资的道理我懂，就是这个也买一点，那个也买一点。我们发现，不少投资者，资产虽然不多，但分布之广泛，足以让人惊目——股票、基金、债券、外汇、黄金、QDII、投连险……如果问他到底买过什么产品，他自己也答不清楚。

事实上，进行分散投资，主要是为了达成投资组合的平衡，由于不同投资产品在不同经济周期中，其收益率表现往往有着比较大的差异。进行分散投资，便是要选出适当的产品，利用他们的差异起到平衡的作用，当某一部分资产价值下降时，另外一部分却在升值。个人投资者由于专业性和资金的局限，可以采用一些简单的原则来进行资产配置。

为此，我们可以这样做：

1. 平均分配资金

平均分配资金是大家对分散投资的第一印象，大家可以根据自己的投资经验，把资金分散投资在一个网络贷款平台上的不同标，或者把资金分散投资在多个网贷平台上；也可以把一部分资金投入到收益较高的平台，一部分资金投资到收益低却安全的平台上。这些都是分散投资的基本方法。

2. 在时间上分散投资

对于有经验的投资人来说，会知道哪些平台比较安全，哪些平台收益较高。

在锁定网贷平台之后，把资金分成多份，先在第一天投资一部分，过个十来天之后，在投资第二份资金，然后再接着投第三份资金，就这样循环下去，等到借款期限到了之后，投资人就能陆陆续续拿回好几笔资金。这种在时间上分散投资的方法，有效降低了平台自身带来的风险，如果网贷平台不幸出现风险，那么采用这种方法的投资人，可能已经有一些投资到了借款期限，并顺利提出本息，从而避免了大量资金停在平台上无法提出的困境。

3. 投资在不同理财产品上

其实分散投资的最后一个含义就是：把资金分散投资在不同理财产品上。P2P 网贷理财的收益虽然很高，但是很难避免风险，所以在投资时，可以把部分资金投资在 P2P 网贷平台上，一部分资金用来买货币基金，或者购买银行理财产品。这样即使某个投资不赚钱，那么还有其他几个投资能盈利，有效降低了投资风险。

另外，我们需要注意的是，分散投资是一个变化的过程，需要不断地进行调整，这一点必须与经济周期、投资特点密切地结合。比如，在经济刚刚步入低谷之时，股票、房地产就是具有较大潜力的投资工具；而在经济的繁荣期，债券投资将有巨大的投资魅力。在进行资产配置时，需要定期地重新对自己的资产分布情况进行审视，并适当地做出应时的调整。

不要同时做很多投资

前面，我们分析了分散投资的好处和具体操作方法，然而，选择过多的投资产品，同样会使投资者陷入难以管理和难以取得效益最大化的尴尬境地。那么，到底怎样选择和配置投资产品，才是合理的呢？尽管并没有一定的章法，但至少应当是以利于管理，均衡投资，效益最大化为前提。理财生活中，我们经常会发现不少投资者，不是持有十只以上的股票，就是股票、权证、国债、基金、集合理财产品等一应俱全。不仅对大类别的投资产品持有数量众多，就是同种类别的理财产品，也是绝不漏掉一个。诸如基金产品中的收入型基金、平衡型基金及成长型基金，都要尝试一番。但从实际的投资效果来看，并非尽如人意。

人的精力是有限的，一心不能二用，理财产品投资并非是对所有投资者都是适用的。而且每种理财产品，均有其自身的投资策略和运作规律。投资者在进行理财产品的选择时，应当重视理财标准，但不能局限于理财标准的束缚和限制，而应当从众多的理财产品中挑选具有规避风险能力强，实现收益最大化的理财产品。

我们都知道这样一个常识，一块手表可以让人知道时间，如果拥有两块或者两块以上的手表并不能告诉一个人更准确的时间，反而会制造混乱，会让看表的人失去对准确时间的信心。关于这一点，有个这样的故事：

森林里生活着一群猴子，每天太阳升起的时候它们外出觅食，太阳落山的时候回去休息，日子过得平淡而幸福。

一名游客穿越森林，把手表落在了树下的岩石上，被猴子猛可拾到了。聪明的猛可很快就搞清了手表的用途，于是，猛可成了整个猴群的明星，每只猴子都向猛可请教确切的时间，整个猴群的作息时间也由猛可来规划。猛可逐渐建立起威望，当上了猴王。

做了猴王的猛可认为是手表给自己带来了好运，于是它每天在森林里巡查，希望能够拾到更多的表。功夫不负有心人，猛可又拥有了第二块、第三块表。但猛可却有了新的麻烦：每只表的时间指示都不尽相同，哪一个才是确切的时间呢？猛可被这个问题难住了。当有下属来问时间时，猛可支支吾吾回答不上来，整个猴群的作息时间也因此变得混乱。过了一段时间，猴子们起来造反，把猛可推下了猴王的宝座，猛可的收藏品也被新任猴王据为己有。但很快，新任猴王面临着和猛可一样的困惑。

这就是著名的“手表定律”，又称为两只手表定律、矛盾选择定律。这一定律的深层含义在于：每个人都不能同时挑选两种不同的行为准则或者价值观念，否则他的工作和生活必将陷入混乱。

当然，手表定律是有一定的适用前提的：

第一，这两块表显示的时间是不同的，如果时间显示是一致的，那就不存在分歧，或双重标准了；

第二，如果有两块表显示时间不同，我们必须要知道哪一块才是唯一正确的表，因为只能有一个是正确的；

第三，这两块表必须是在同一个时区（采用同一个标准的地区），因为在不同时区的时间是不一致的，这样才有可比性，这也要“因地制宜”。在这些前提下，我们才能去谈谈这个定律。

手表定律也恰恰说明了在理财中，运用多种理财标准的失效性。我们也应该从这一定律中获得某些直观的启发，尽管在投资中分散投资是必要的，但是涉及过多的投资领域会让我们精疲力竭，让我们的判断力陷入混乱之中。

尼采说过一句话，其中蕴涵了很深刻的哲理，对投资者理财也许具有更深刻的启迪。那就是：“兄弟，如果你是幸运的，你只需有一种道德而不要贪多。这样，你会过得更容易些。”当投资者面对一大堆理财产品而一筹莫展的时候，也许尼采的话具有更强的说服力，更能引起投资者的重视和关注。

产生疑虑时就果断收场

任何一个投资者都希望从投资中获得真财富，但投资毕竟是有风险的，我们首先要考虑的就是止损，其次才是盈利，所以，一旦我们产生了疑虑，就要果断收场。

在我们的身边，大概有这样的投资者，当他发现了亏损的苗头后，仍抱有侥幸心理，认为市场情况会有变化而错过了最佳的卖出时机，让自己一亏再亏，最终无法收场。

前面，我们提到，投资要有锲而不舍的精神，我们也不得不承认，一些投资高手，正是因为有锲而不舍的精神而最终迎来了成功。但并不是所有的坚持都会迎来胜利，有时错误的坚持就是钻牛角尖。很多时候，当这条路行不通的时候，与其错误地坚持下去不如明智地放弃。

从前，有一位潜心布道的神父。

这天，他按照计划来到一个小村庄，他走进了教堂，准备为这里的人祈祷。但突然天下起了大雨。不到几个小时的功夫，洪水就淹没了整个村庄，教堂也没有幸免。

他发现，洪水已经淹没了他的膝盖。村里的警察很快赶来了，并让他赶紧离开教堂，但神父却固执地说："不，我不走！我坚信仁慈的上帝一定会来救我的，你先去救别人吧！"

过了一会儿，水越来越深了，已经淹没了神父的腰部，神父只好站在椅子上继续祈祷。这时，有几个救生员划着船在教堂外大喊"神父，赶快过来，我们救你走！"神父还是执着地说道："不，我要坚守着我的教堂，相信慈悲的上帝一定会将我从洪水之中救出去的。你赶快先去救别人吧。"

又过了半个小时，整个教堂完全被洪水淹没了，神父只好爬上十字架上，在滚滚的洪水中坚持着。这时候，一架直升飞机缓缓地飞到了教堂上方。飞行员丢下悬梯，大喊道："神父，快上来吧，这是最后的机会了，我们可不愿意看到你被洪水冲走！"神父依然意志坚定地说："不，我要守住我的教堂！上帝绝对会来救我的。你去救其他人吧。上帝会永远与我同在！"

固执的神父最终也没有逃脱被滚滚洪水冲走的命运……

死后的神父还是有幸到了天堂，他质问上帝，为什么不来救他？上帝回答道："我怎么不肯救你了？你忘记了？第一次，我派人劝你离开那危险的地方，可是你却坚决不肯；第二次，我派了一只救生艇去救你，但你还是一意孤行不肯离开；第三次，我以对待国宾的礼仪待你，又派了一架直升飞机去救你，结果你还是不愿意接受我的救助。是你自己太固执了，总是不肯接受别人的救助，我在想，你是不是太想见到我了，那么，我就成全你吧。"神父顿时哑口无言。

将这个故事放到投资中再合适不过，错误的坚持是不可取的。投资中，与其盲目地按照老方法来思考，不如在适当的时候停下来想一想，这一投资方法到底是不是正确的？是不是该换一种思路？

当然，可能你会产生疑问，我该怎样判断自己现在的选择是否正确呢？对此，你有两种方法可以鉴别：第一，如果你通过反复求证发现此种方法行不通，那么，你便可以摒弃这种方法了；第二，询问有经验者的意见，比如，如果你不知道你所投资的基金是否正确，你可以询问你的基金经理人的意见。

当然，无论如何，当你对自己的投资产生疑虑时，也就是该止损的时候了，因为在投资中，对于我们所投资的项目或领域，只有我们自己最了解，而疑虑的产生，说明投资中出现了某些问题。此时，我们就该反省了，然后找出问题，及时悬崖勒马。

总之，你需要明白，坚持错误的思路就是钻牛角尖，而投资中必须要有风险意识，也就是要懂得做止损计划，并坚决执行。只有这样，才能将风险控制在最小范围内。

频繁交易是大忌

在投资中，我们发现，一些投资者喜欢追涨杀跌频繁买卖，却不知道频繁交易是投资中的大忌，是导致亏损的一个不可忽视的因素，频繁交易的结果也是十分恶劣的。

那么，什么是频繁交易呢？这是一个相对概念。比如，市场总流利市值 20 万亿，一个月合计成交 2 万亿，相当于一个月换手 10%，如果你的操作频率远远大于这个水平，那么你就是一个有频繁操作习惯的人。

事实上，在投资中，喜欢频繁交易的投资者都有一个心理，他们喜欢追涨杀跌，享受市场交易的快感，手不能闲着，甚至一天不交易就难受，比谁都勤劳，但并没有赚到钱，反而亏损连连。但频繁交易对证券投资者而言百害而无一利，其危害至少体现在以下三个方面：

1. 增加了投资本钱

我们都知道，每笔投资交易都是需要手续费的，除此之外，还有很多其他的交易本钱。为此，在计算的时候，我们不能只算一笔账，而要把所有的账都加起去。如果你是一个频繁交易者，这个本钱会非常高。

拿股票来说，如果你入市时的本钱是100万，而以同一个价格买进200次，再卖出200次，不思量复利因素，100万将自动归零。也就是说，假定利润翻一倍，相当于能够支付200次买卖的本钱，如果你全仓进出200次，那么翻一番等于白干，频繁交易会使投资本钱大大提高。

所以，我们可以看出，交易次数越多，我们需要的成本也就越高。

2. 加大了犯错的概率

投资玩的是金钱的游戏。交易越是频繁，出错的可能性就越大。简单点来说，我们投资比的是胜率，而不是频率。就算每一笔买卖赢输的概率相等，假定各为50%，但输一单要赢两单才能补回去，十笔买卖，五笔做错了，五笔做对了，结果你要赔掉两笔半。交易频率继续加大，做一百笔，那么净赔掉的可能是二十五笔。以此类推，买卖越多，错得越多。

3. 干扰了我们的判断力和大局观

同一个投资，交易越多，你所花费的精力也就越多，你需要紧盯交易中的每个细节，这会使投资者的时间和精力大大分散，而不会去思考大的发展方向。简单地说，频繁交易着眼于眼前，一定会忽视长远。

从另一个方面讲，频繁交易的得掉也会影响投资者的情绪，而情绪的好坏会直接影响到你对大势的判断。市场很弱时，你做成了一单，由于赚钱了，情绪好起来，结果弱势在你眼中就可能变成强势；市场很强时，你做亏了一单，由于输了钱，情绪变坏了，结果强势在你眼中变成了弱势。频繁交易一定是有得有掉，而这种得掉，将左右投资者的情绪；带着情绪看市场，就会成为“趋势的色盲”。

以上，我们已经分析了频繁交易对投资的影响，要克服频繁买卖的交易风俗，可以从以下几个方面着手。

1. 犹豫不决时不要轻易下单

投资是跟风险打交道的事情，既然跟风险打交道，就没有绝对可靠的事情。但追求相对较高的把握，比如做到安若泰山，仍然非常重要。

前面我们已分析过，赚一笔和赔一笔，其价值是不同的，从理论上讲，1笔输单需求 1.5 笔赢单才能“轧平”。所以，没有百分之七十五的把握，是绝对不能下单的。在市场中要成为真正的赢家，应当将赢面保持在 75% ~ 100% 之间。如果这样的话，犹犹豫豫的时分就是没有把握的时分，就是不该下单买卖的时分。简单地说，不管买进还是卖出，没有七八成的把握，不要下单。

2. 没有足够的空间不要轻易进场

经常听到有人说，买进去赚一毛两毛，明天出去也好。这种想法听上去很实惠，事实上在证券市场完全不可取。对大部分投资者来说，资金是有限的，不像别人量很大，一毛两毛，赚得也很可观。一般去讲，做短线没有 3% 的空间，不思量进去；做中线没有 30% 的升幅潜力，也应当抛却；至于做长线的话，50% 甚至更高的期望才值得我们下单进场。说得更具体一点，10 元的股票不涨 3 毛，不值得做短线；不涨 3 元不值得做中线；不涨 5 元以上，不值得长线投资。如果设定这样一个界限，就能减少一些没必要的操作。

3. 完美的投资是一单买进，一单卖出

作为最完美的投资，当然是最低价一单买进，最高价一单卖出。尽管实际上做到这一点的可能性很小，但作为一个追求的目标，它是存在的。只有不时朝这个目标无穷接近，才能使你的投资更加完美。那种分批买进、分批卖出、滚动操作、摊低本钱，听上去很完美，但事实上跟完美的投资是背道而驰的。

不要怀疑市场，错的是你的感觉

任何一个有过投资经验的人都知道，投资市场好比战场，既然是战场，就有成败。投资失败，我们就要勇于承认自己的错误，然后寻找错误出现的地方，才能在下次投资中尽量避免。然而，我们也发现，一些投资者总是失败，这是为什么呢？因为他们总是不服输，投资失败，他们不从自身找原因，而是怀疑市场。其实市场是永恒不变的法则，我们要适时调整自己的投资方案和策略以适应市场的变化。

所以，我们可以说，对于投资者而言，市场永远是很公平的。这就好比上帝对于我们每个人也是公平的一样，如果上帝没赋予你美貌，那一定会赋予你智慧；如果没赋予你智慧，那一定会赋予你美德；如果没赋予你逻辑思维能力，那一定会赋予你形象思维能力；如果没赋予你动脑能力，那一定会赋予你动手能力。每个人都是上帝的宠儿，上帝一定赋予了你很闪光的优点，只是你要能认识到，并把它发挥出来。

为此，我们要记住，身处投资职场，我们一定要有一个好心态，对于金钱，我们千万别好高骛远，异想天开，更不要怨天尤人。当你投资失败后，要学会调整心态，具体来说，你需要做到：

1. 你要接受事实，承认失败

哲学家叔本华曾说过："逆来顺受是人生的必修课程。"我们每个人都要明白，当事情已发生时，我们只有接受。"事必如此，别无选择"，但这并非容易的事情，你需要常提醒自己。

事实上，投资应该是快乐的，而不是烦恼的，但是不少人常因为投资失利而烦恼。他们内心懊悔，心态变坏，进而造成屡败屡战、屡战屡败的恶性循环。我们已经亏损了，如果心态再坏，进而影响到自己的身体健康，那简直是更不幸了。

2. 检讨自己，找到原因

很多时候，我们投资的失利，不只是技术上的失误，不只是我们知识的欠缺，而是浮躁的投资心理。我们希望投资天天都赚钱，在这样贪婪的心理下，我们肆无忌惮地追加投资，最终失败。难道我们不该好好检讨一下吗？

3. 告诉自己“总会有别的办法可以办到”

在竞争激烈的市场中，每天都有公司成立，但每天也有公司停止运营。那些半路退出的人说：“竞争太激烈了，还是退出保险些。”真正的关键在于他们遭遇障碍时，只想到失败，因此才会失败。

同样，投资中，你如果认为困难无法解决，就会真的找不到出路。因此，你一定要拒绝“无能为力”的想法，告诉自己“总会有别的办法可以办到”。

4. 把握要点

投资出现问题，应冷静下来，想想是不是曾经有其他人遭遇过类似的问题，却成功地加以克服了？问题的关键在哪里？只有找到问题的关键，才能解决好问题。俗语说：“打蛇要打在七寸上”，“寸”就是蛇的致命处。我们对待问题，也要握住问题的“七寸”，才能把问题“致于死地”。

总之，胜败乃兵家常事。面对投资失败，我们也大可不必沉溺于沮丧之中，而应该先冷静下来，仔细分析与思考问题，这样才能找到问题的症结，才能反败为胜。

第05章 影响投资盈亏的几大心理因素

我们前面已经分析过，投资中，我们都要有个好心态，无论在什么样的环境下，都应该保持乐观、积极的态度。因为在好的心境下，人们才会善待他人和自己，才会冷静地去学习投资知识，也才能冷静地分析现状，才能明智地看待成功和失败。然而，与之相反的是，人们的投资受到一些不良心理因素的影响，这是需要我们加以处理和调节的。

不必恐惧，投资失败了很正常

作为一个平凡的人，我们每个人都害怕失败，渴望成功。于是，人们在执行自己的目标与想法前，都会产生各种顾虑，都会迟疑不定。而实际上，正是因为迟疑，人们开始恐惧、左思右想，最终被恐惧扰乱心境而不敢执行。在任何一个领域里，不努力去行动的人，就不会获得成功。世上没有任何事情比下决心、立即行动更为重要，更有效果。

同样，在投资中，如果你想让自己更有勇气去执行计划，那么，你就别把胜败看得太重要，放下失败的顾虑吧。在现实生活中，很多人常常就是因为左顾右盼而没有具体行动，最终一事无成。

一天，有人问一个农夫他是不是种了麦子。农夫回答："没有，我担心天不下雨。"那个人又问："那你种棉花了吗？"农夫说："没有，我担心虫子吃了棉花。"于是那个人又问："那你种了什么？"农夫说："什么也没有种，我要确保安全。"

其实，我们又何尝不是和农夫一样呢？投资中，我们还没开始执行计划，就思索失败后的退路，这样只会让自己在投资中患得患失。可能一直以来，你认为自己是个勇敢的人，但一旦到真正可以表现自己勇气——执行投资计划的时候，却左右迟疑、不敢付诸实践。其实，这不是真的勇敢。因为勇敢不是停留在言语上，而是要放手去做的。

事实上，在追求人生目标的过程中，我们的内心之所以会摇摆不定、左右顾虑，害怕失败。有时候，除了经验的缺乏让我们不敢下决心外，还可能是因为受到一些外在因素的干扰，但只有果断才是心中的灯光，时刻照亮着成长的坐标。哲人说得好，你听到的一切并不完全正确，也不要因他人成功而鄙视自己，否则就会陷入自卑的“心灵监狱”。我们常常发现有些人除了拿别人的优点与自己的缺点比较外，还喜欢听信那些不该信的话，他们认不清自己身上蕴藏着无穷无尽的潜力，心绪萎靡，不知不觉中为自己营造了自卑的“心灵监狱”。

生活中，总有人慨叹：“其实我想拥有财富，我并不喜欢现在的生活……”谈了一大堆的理财和投资计划，可是，最后他们并没有去实践，如果这么一问，他们还会摇摇头说：“不行啊，无奈啊，没办法啊……”真的有那么无奈吗？既然无力改变又何必总是埋怨？如果埋怨、不满，又为何不去努力改变？

不断进取，敢于面对一切困难，努力克服它，战胜它，这是生存的法则。相反，逃避是懦夫的作为，最终只能带来更多的危机。

一个人绝对不可在面对恐惧的威胁时，背过身去试图逃避。这样做只会使危险加倍。但是如果立刻面对它毫不退缩，危险便会减半。任何人只要去做他所恐惧的事，并持续地做下去，直到有获得成功的纪录做后盾，他便能克服恐惧。

恐惧是获得胜利的最大障碍。你若失去了勇敢，你就失去了一切。而现实中的恐怖远比不上想象中的恐怖那么可怕。很多时候，成功就像攀爬铁索，失败的原因不是智商的低下，也不是力量的单薄，而是威慑于自己的无形障碍。如果我们敢于做自己害怕的事，害怕就必然会消失。

那么，在投资中，投资者如何消除内心的恐惧呢？这大概是所有投资者想要知道的答案，为此，我们可以这样做心理调节：

1. 告诉自己“我能行”

生活中，许多人会常常说“我不行”。而之所以他们会有这样的意识，通常来说都是因为他们给自己设限。要摆脱种种恐惧，你必须要在内心反复暗示自己：“我能行。”

2. 学会转换思维

比如，面对着半杯水，对于乐观旷达、心态积极的人而言，是：“哈，真高兴我还有半杯水！”对那些悲观沮丧、患得患失的人而言，则是：“唉，只有半杯水了，这该如何是好呀？”

因此，对那些乐观旷达、心态积极的人而言，两个都是好机会。对那些悲观沮丧、心态消极的人而言，两个都是不好的机会。

3. 做好最坏的打算

人们常说：“能解决的事不必去担心，不能解决的事担心也没用。”投资中也是如此，一开始就对投资结果不抱有幻想，而做出最坏的打算。这样一想，你会发现，在最坏的情况面前，也没什么可忧虑的，那么，你也就能变得积极了。

4. 多做一些曾经没有做过的事

做曾经不敢做的事，本身就是克服恐惧的过程。如果你退缩、不敢尝试，那么，下次你还是不敢，你永远都做不成。只要你下定决心、勇于尝试，那么，这就证明你已经进步了。在不远的将来，即使你会遇到很多困难，你的勇气也会帮你获得成功。

总之，做任何事之前，如果你不能自己除掉恐惧，那样的阴影会跟着你，变成一种逃也逃不了的遗憾。不要因为恐惧失望而害怕尝试投资。一旦你正面面对恐惧，很多恐惧都会被击破。既然困难不能凭空消失，那就要勇敢地克服。

贪婪是失败的根源

人们常说：“欲望无止境。”孔子也曾说过一句很有名的话：“富与贵，是人之所欲也，不以其道得之，不处也。贫与贱，是人之所恶也，不以其道去之，不去也。”意思是：富贵是每个人都想要的，但如果不是用光明的手段得到的，就不要它。贫贱是每个人所厌恶的，但如果不是以正大光明的手段摆脱的，就不摆脱它。也就是说，我们每个人都有追求成功和幸福的欲望，但不能让被欲望控制。

我们不得不说，人性中有贪婪的倾向，或者说，我们每个人多多少少都有一点贪婪之心，特别是对物质和金钱的贪婪之心。在资本职场，这种本性表现得更为淋漓尽致。有人说，华尔街的贪婪就像会传染的病毒一样传播给了世界，最终导致了次贷危机的爆发、金融危机的袭击和全球经济的衰退。

在很多人的实际投资中，更体现出了人们的贪婪。太多的人希望自己能在一夜之间暴富，多少人向往着财富神话能降临到自己身上，多少人被贪婪控制而做出失去理智的事……当然，最后，这些人都因为贪婪而亏损或者走向亏损。

不管你是在温室中成长，还是在困苦中挣扎，欲望都会存在于你的心中。欲望可以成为我们的信念，支撑我们渡过难关，但是欲望也像鸦片，容易上瘾。皮埃尔·布尔古说过："人们常常听到这样一句话：'是欲望毁了他。'然而，这往往是错误的。并不是欲望毁了人，而是无能、懒惰，或糊涂。"

为此，我们只有常常心怀感恩，感谢生活，才能收起贪婪的心，活出精彩人生！

曼谷的西郊有一座寺院，因为地处偏远，香火一直非常冷清。

原来的住持圆寂后，索提那克法师来到寺院做新住持。初来乍到，他绕着寺院四周巡视，发现寺院周围的山坡上到处长着灌木。那些灌木呈原生态生长，树形恣肆而张扬，看上去杂乱无章。索提那克找来一把修剪园林用的剪子，不时去修剪一棵灌木。半年过去了，那棵灌木被修剪成一个半球形状。

僧侣们不知住持意欲何为。问索提那克，法师却笑而不答。

这天，寺院来了一个不速之客。来人衣衫光鲜，气宇不凡。法师接待了他。寒暄，让座，奉茶。对方说自己路过此地，汽车抛锚了，司机现在修车，他进寺院来看看。

法师陪来客四处转悠。行走间，客人向法师请教了一个问题："人怎样才能清除掉自己的欲望？"

索提那克法师微微一笑，折身进内室拿来那把剪子，对客人说："施主，请随我来！"

他把来客带到寺院外的山坡。客人看到了满山的灌木，也看到了法师修剪成型的那棵。

法师把剪子交给客人，说道："您只要能经常像我这样反复修剪一棵树，您的欲望就会消除。"

客人疑惑地接过剪子，走向一丛灌木，咔嚓咔嚓地剪了起来。

一壶茶的工夫过去了，法师问他感觉如何。客人笑笑："感觉身体倒是舒展轻松了许多，可是日常堵塞心头的那些欲望好像并没有放下。"

法师颔首说道："刚开始是这样的。经常修剪，就好了。"

来客走的时候，跟法师约定他十天后再来。

法师不知道，来客是曼谷最享有盛名的娱乐大亨，近来他遇到了以前从未经历过的生意上的难题。

十天后，大亨来了；十六天后，大亨又来了……三个月过去了，大亨已经将那棵灌木修剪成了一只初具规模的鸟。法师问他，现在是否懂得如何消除欲望。大亨面带愧色地回答说："可能是我太愚钝，眼下每次修剪的时候，能够气定神闲，心无挂碍。可是，从您这里离开，回到我的生活圈子之后，我的所有欲望依然像往常那样冒出来。"

法师笑而不言。

当大亨的鸟完全成型之后，索提那克法师又向他问了同样的问题，他的回答依旧。

这次，法师对大亨说："施主，你知道为什么当初我建议你来修剪树木吗？我只是希望你每次修剪前都能发现，原来剪去的部分，又会重新长出来。这就像我们的欲望，你别指望完全消除。我们能做的，就是尽力把它修剪得更美观。放任欲望，它就会像这满坡疯长的灌木，丑恶不堪。但是，经常修剪，就能成为一道悦目的风景。对于名利，只要取之有道，用之有道，利己惠人，它就不应该被看做是心灵的枷锁。"

大亨恍然。

此后，随着越来越多的香客的到来，寺院周围的灌木也一棵棵被修剪成各种形状。这里香火渐盛，日益闻名。

的确，我们心中的欲望，有时就像树木长出的枝蔓，稍不留神就一个劲地疯长，遮盖我们的视野，甚至连心灵的光明也被吞噬了。只有不断修剪，才能让我们的眼界豁然开朗！

我们都是平凡的人，我们并不能做到真正地摒弃功利，甚至连哲学家们自己似乎也极不愿意摒弃人性的这一弱点。但在投资中，我们要想真正获得财富，首先就要学会控制自己的贪婪之心，否则，我们迟早会被贪婪吞噬。

不要把自己想得太聪明

的确，人是世界上最聪明的动物，因为人类总是善于向他人学习，学习其先进之处，进而不断变得强大，最终能够掌控世界。但人类最大的弱点也就在于其过于聪明——看清别人，却不能认清自己。我们善于对事物的某些物理属性一目了然，也总是去追求事物的本质特征，而对自己的本来面目却认不清楚。这是因为我们通常喜欢用眼睛，而不是用心去看待、审视自己。一个人，只有认清自己内心真正想法，经常反躬内省，才能去善待他人。

同样，在投资中，我们也一定要承认自己没有比别人聪明多少，甚至还有可能更愚蠢。在面临投资即将失利的情况下，除非我们及早离开，不然是无法避免亏损的。面对这样的情况，一些人可能会悔恨自己当初为什么没有及早卖出，这都是因为人们太过相信个人的能力。所以，投资专家建议，在投资中，最好做一切符合自己实践的事，包括对自己能力的估计，结合自己自身的情况，找到适合自己的投资方法。

对自己进行评估，是一种审视，是一种积极的自我超越，正如每日照镜子一样，没有审视地活着，实际上是对自我存在的极不负责的纵容。当然，全方位审视自己，不仅包括发现自己的不足，还包括明确自己的优势。相反，一味地吹嘘自己，虽然会暂时获得心灵上的某种满足感，但事实上，你不一定能获得他人的认同，而最为可悲的是，你会因此失去努力的动力。

布思·塔金顿是20世纪美国著名小说家和剧作家，他的作品《伟大的安伯森斯》和《爱丽丝·亚当斯》均获得普利策奖。在塔金顿声明最鼎盛时期，他在多种场合讲述过这样一个故事。

那是在一个红十字会举办的艺术家作品展览会上，布思作为特邀的贵宾参加了展览会。其间，有两个可爱的十六七岁小女孩来到他面前，索要签名。

“我没带自来水笔，用铅笔可以吗？”布思其实知道她们不会拒绝，他只是想表现一下一个著名作家谦和地对待普通读者的大家风范。

“当然可以。”小女孩们果然爽快地答应了，布思看得出她们很兴奋，当然她们的兴奋也使布思备感欣慰。

一个女孩将她的非常精制的笔记本给布思，布思取出铅笔，潇洒自如地写上了几句鼓励的话语，并签上他的名字。女孩看过布思的签名后，眉头皱了起来，她仔细看了看他，问道：“你不是罗伯特·查波斯啊？”

“不是。”布思非常自负地告诉她，“我是布思·塔金顿，《爱丽丝·亚当斯》的作者，两次普利策奖获得者。”

小女孩将头转向另外一个女孩，耸耸肩说道：“玛丽，把你的橡皮借布思用用。”

那一刻，布思所有的自负和骄傲瞬间化为泡影。从此以后，布思都时时刻刻告诫自己：无论自己多么出色，都别太把自己当回事。

可见，无论我们有什么样的成就，都不要太把自己当回事。如果你觉得自己功勋卓著、觉得自己伟大，那么，实际上，是因为你的眼界小，你只在有限的一点点空间里做比较。一个真正伟大的人，应当能够看得高远，既知道自己在自己的小环境中所处的位置，也能知道在大环境下的处境；既能看到现在自己的成功或是不足，也能够预见未来自己的境遇和发展，这才是真正聪明的人所应该做的。

所以，生活中的人们，无论你现在有多优秀，你都必须要做到反躬自省。事实上，在投资中，你所犯的任何错误，都有可能是因为你没有正视自己。

为此，你可以从以下几个方面做到自我认知。

首先，客观地认识自己，不仅要看到自己的优点，也要看到自己的缺点，并客观地给予评价。要做到这一点，除了自己对自己的评价，还要注意从周围人身上获取关于自己的信息。这些人可以是我们的父母，也可以是我们的朋友，也可以是我们的同事，只有这样，我们才能够逐步形成对自我的全面客观的认识。

其次，面对接纳自己。接纳自己的优点，而容不下自己的缺点，是很多人容易犯的错误。一个人首先应该自我接纳，才能为他人所接纳。因此，真正的自我接纳，就是要接受所有的好的与坏的、成功的与失败的。不妄自菲薄，也不妄自尊大，不卑不亢，才能健康地发展自己，逐步走向成功。

最后，你需要积极地完善自己的不足。这些不足，指的是某些“内在”上的，比如，学识、技能、素质等。

总之，在投资中的“认识你自己”，就是要认清自己的能力，知道自己适合做什么、不适合做什么、长处是什么、短处是什么，从而做到自知，在投资中找到适合自己的位置。

勇于放弃，才会有所得

在谈到这个问题之前，我们先来看看下面这个小故事。

法正是一位德高望重的老禅师，每年都有成千上万的人去请他解答疑问，或者拜他为师。这天，寺里来了个年轻人，他告诉禅师，他想在炒股方面成为一名专家，但是他学习了很多年都没有进展，不仅如此，他还亏损了很多钱，他为此懊恼不已。于是，他跑来请法正禅师替他想一个办法，想知道自己到底错在哪了。

法正禅师听说他的痛苦后，笑着对他说：“我屋里有一堆铁饼，你背上它，我们一起上山去吧。”年轻人不明就理，但还是按照法正禅师说的去做了。

铁饼并不是很重，大概也就十几斤，但是在上山的过程中，年轻人感到背上越来越重，最后，年轻人实在难受之极，一会儿就叫起来："禅师，能让我放下铁饼来歇一歇吗？"法正禅师说："你感到很难受，是吧？其实，你背着铁饼，怎么能上山？投资炒股也是，你总是想着挣钱，但却舍不得而割肉，那样肯定会亏损。"

年轻人若有所思，知道了禅师的意思，然后他按照禅师的指示，学会了在股市中止损，学会了取舍。后来，他开始扭亏为盈，不仅学到了不少的投资经验，还赚到了不少钱。

后来，他又来拜会法正禅师，禅师笑着说："现在，你感到很轻松，对吧？你背着那些铁饼山上，因此感到自己很难受很痛苦。如果你像放下铁饼一样学会放下投资中的包袱，你也就会如释重负，不再痛苦了。"

正如法正禅师所说，投资中，如果一味地想着挣钱，而不知放下的话，我们身上的包袱就会越来越重，最终我们不但挣不到钱，还会影响心境，阻止我们前行。

人们对于财富的追逐从来没有停歇过。生活中，大部分人认为，一个人是否幸福，应该是与其所拥有的财产多少、地位高低成正比的，那些地位显赫、家财万贯的人必定是幸福的。其实不然，我们看那些历代皇孙贵胄，谁不是锦衣玉食、万人朝拜，但又有谁是真的快乐呢？他们得时时为了皇权的争夺而苦心积虑，深恐遭到别人的暗算而担惊受怕。

生命只有一次，而且时间是有限的，人生在世只有短短的几十年而已。所以，每个人都应该珍惜自己的生命，在有限的时间里不要让自己太疲惫，要让自己过得快乐一点。人活一世为了什么？就是为了快乐，快乐是人生最大的财富。

所以，对于投资来说，我们也要抱着平常心，要有所舍得，有所放弃，尤其是在看到即将亏损的时候，一定要果断，立即止损。

李先生大学毕业后，经过一番奋斗，已经有了自己的事业，日进斗金，腰缠万贯。后来，他将眼光放到了炒股中，因为他听说行业内的高管们都关注股票，但是他并不怎么懂投资，所以，在不到几个月的时间里，他就亏了不少。所幸，他的妻子对股票略懂一二，妻子告诉他，炒股最重要的就是止损。想要做到及时止损，首先就要有所割舍，心越贪，越是不舍，越是会亏得更多。

李先生前思后想，觉得妻子说的很有道理。在妻子的指点下，他迅速将手头正在亏损的股票出售，挽回了不少损失。

的确，人类最大的悲哀莫过于拿自己有限的生命去追逐无限的欲望，这个世界上有太多美好的事物，我们每个人都不可能得到所有，所以一定要学会知足，更要学会取舍，不要指望什么都抓住。一个人若是被欲望所左右，就会变得可怕，或许他们的物质条件会越来越好，但是却在永无止境的追求当中迷失了许多宝贵的东西，从来没有享受过真正的快乐，绚丽的外表下藏着一颗空虚的心灵，而且他的一生注定要被痛苦纠缠。

人之所以不快乐，就是不知足。在投资领域，更是充斥着人们的对金钱的欲望，但是我们要明白，人类自身的需求是很低的，远远低于欲望。房子再怎么大，也只能住一间；衣服再高贵，身上也只能穿一套；汽车再多，也只能开一辆在街上跑。我们应该从容面对金钱，能有所舍弃，用一个平和的心态面对投资结果，才会让我们更快乐。

第06章 投资需要有个好心态

我们都知道，投资是一门很大的学问，因为投资不是一个简单事情，很多投资项目有很大的风险，所以一些投资者的情绪很容易被投资结果所影响。然而，不良的心态会影响我们对投资的研究和情况的判断，这就需要我们懂得自我调节。只有调整出最佳的状态，才能针对自己的资金实力进行合理地投资，这样才是正确的方法。

用储蓄的心态去投资

有人说，投资中，心态第一，策略第二，技术只能排名第三。的确，在如今的投资市场，有很多行业不景气，一些投资者为此感到头疼，不过也有一些投资者心态好，他们学会了用储蓄的心态投资，这样，对于投资结果也就不必忧心忡忡了。我们先来看下面的故事。

刘老师是一位老股民了，在炒股刚开始盛行的时候，他因为眼光独到，赚了不少钱，他也曾完整地经历了几个牛市与熊市的轮回。所以，刘老师的心态一直不错。

2009 年的时候，他投资了 5 万元，现如今已经浮亏到了 4 万多元。但是即便如此，他仍然是怡然自得，丝毫不着急。他的朋友们很是纳闷，直到问了刘老师之后才知道，原来刘老师有一套自己的投资心得——投资当成了储蓄，只买分红率高于一年定存的银行股。如此一来，每年五六月份之后，刘老师的账户上就会拿到两千元左右的分红。不但享受到了一年定存所带来的“利息”，而且还可以分享到银行业高成长的一部分股权，绝对是两全其美。

对于刘老师来说，现在股市上出现的那些投资浮亏其实并不算亏损。因为只要等到下一个牛市到来，如今的亏损就会潜移默化中变成盈利。那么，如何才能确定下一个牛市到来？

对此，刘老师有自己的想法，比如，就像去年才结束的房地产牛市。当你身边所有的亲戚朋友见面就开始讨论房地产，并计算着自己房产增值的时候，牛市的高峰基本也就到了。到时候，只要不贪得无厌，应该就可以赚上个一两倍。

案例中的刘老师就是心态好的投资者，他给我们的建议是，带着储蓄的心态投资，我们就不会对投资结果有太多的奢望，也就自然没有失望了。

的确，在投资市场，面对不好的行情，不少投资者就出现悲观情绪，要知道，此时其实正是投资的好时机，巴菲特有一句名言："成功的投资生涯不需要杰出的智商、非比寻常的经济眼光或内线消息，所需要的只是作决策的健全知识架构以及有能力避免被情绪破坏该架构。你必须将情绪纳入纪律之中。"

其实"安全边际在逐渐显现，这种时候纪律可以战胜任何负面情绪。"有专家建议："在负利率、楼市调整、国内金价 2008 年初以来涨幅不足 1%、艺术品市场跳水的投资环境下，能不能在 15 倍以下市盈率的股票中找到安全的避风港，还是值得一试。在这个阶段，寻找出一批受宏观调控和物价影响较小，业绩稳定的公司，还是有可能的。"而此处的稳定的投资，其实我们完全可以选择案例中刘老师所选的银行股，当然，我们可以选择的投资领域还有很多种。

不过，总地来说，细究起来，还是需要我们带着储蓄的心态投资。对此，还有三点需要特别注意。

第一点，就是无论你投资什么，都只能动用闲置资金。对于那些救命钱、置业钱千万不能动用。否则，一旦出现什么不良情况，就不得不认赔割肉，即便等到了下一个好的投资时机，你也无法再进行投资了。再者，还会对我们的生活造成影响。

第二点，尽量远离那些经常变更的投资。对于这些投资，我们不好管理，一不留神，就会与我们事先的预期产生很大的差距。

第三点，心态要好，要有耐心。无论哪种类型的投资，都需要我们耐心，浮躁是投资的大忌，需要我们努力克服。

总之，在心态调节上，投资者只要能抱着储蓄的心态，做好长期投资的思想准备，尽可以大胆投资。

别让投资牵动你的情绪

对于很多心态不好的投资者来说，“投资行情不好，人的心情就不好，特别是投资亏损让人心生痛苦。”这些投资者认为，只有行情见好，才能有效减轻投资者的痛苦，给大家带来希望。

事实上，这些投资者是需要历练自己的心态的。投资只是我们生活中的一部分，我们也只是利用闲散资金投资，我们生活的主调依然是努力工作、努力享受当下，所以，我们千万不能让投资牵动我们的情绪。对此，我们不妨先来看看下面这一故事。

小宋虽然才大学毕业，但是他是个资深的股民，这些年，他在股市中赚到了不少钱。但他马上要出国留学了，这次他却判断失误了，亏了一笔钱，心情更加糟糕了。

小宋一直有个很爱的女朋友小夏，为了让小夏安心，小宋决定在出国前把结婚手续办下来。在去民政局的头一天，小宋父亲的朋友，也就是公安局的张科长刚好来为小宋送行，他告诉小宋，民政局婚姻登记处的周主任是个火爆脾气，小宋要想成功和小夏把证办下来，一定要忍耐，还要说点好话，不要与他产生争执。

果然，第二天，周主任一看身份证，发现小夏的年纪离结婚年龄还差一个月，当时就发脾气了，对小宋说：“结婚可不是儿戏。我做事是有原则的，即使差一个小时，我也不会给你们办理的。”

这一招小宋早就预料到了，虽然当时小宋的心情也很不好，但是他忍住了。实际上，身份证上也没有精确到出生时辰，按照地方规定，像小宋他们这种情况，是应该予以照顾的。于是，小宋不但没有与之辩驳，反而说道：“我知道您一向秉公办理，张局长去我们家玩的时候几次提到您，说您神通广大，体恤民情，这次的事儿他也说您肯定会积极争取领导支持，给一个照顾指标的。”这种说法果然发生了效力。周主任沉思了半天，对他俩说：“行吧，你俩先等一下，我去领导办公室问一下。”其实，小宋知道他哪里是去领导办公室，只是去厕所、给自己一个台阶下而已。果然，不到三分钟，周主任就来了：“刚刚领导说了，情况特殊的青年男女应该予以照顾。这样吧，你们填一下登记表格吧。”

事情就这样顺利办好了。

案例中的青年小宋是个很善于调节自己情绪的人，面对股市失利，原本他的心情很不好，但他忍住了，在接受了他人的指点后，在结婚登记前了解清楚办理登记工作的周主任是个火爆脾气，因此，在与之面谈时不但没有与之辩驳，反而说了些好话，给足了对方面子，成功办成了事情。

这里，小宋明白一点，与小夏成功登记才是重中之重，在周主任发脾气时，若逞一时之气，与之理论，即使能说出个一二来，也可能导致事情功败垂成。

事实上，我们还应该相信一点，投资市场总是变化多端的，我们谁也不能控制，所以，无论面临什么样的情况，我们都要调整好自己的状态，以最佳心境面对，才不至于让自己的生活受到影响。

然而，现实生活中，却有一些人特别容易情绪化，遇喜则喜，遇悲则悲，在面对投资不利时，要么怨天尤人，要不悔不当初，甚至破口大骂，很多不文明的举动相继爆发出来，形象全无。“股市行情见好，股票上涨，生活便充满了阳光；股市行情不好，股票下跌，生活便没有意义。”其实，这种思维方式是有害的。

事实上，日常工作和生活中，影响我们情绪的事实太多，我们根本不必要劳神费心，我们大可以把关注的视角放在事物的另外一个方面，对这一方面的联想往往能使我们心平气和下来，长此以往，你便能修炼良好的心性。而所谓的心性，其实就是一个人的善恶成分，好与坏，正确与错误，如何判断自我与外界关系的一种综合反映。

事实上，心性好坏与否，对于他人而言所产生的影响力倒是次要的，它最严重的是对个人心态的影响。而个人心态直接影响的是个人的命运、成败得失、是否幸福等。

心性健康的人，他们的眼里都是美好的事物，比如阳光、欢乐、温暖、健康。

当他们遇到危险的时候，他们会有回避的能力，因此，他们有意愿并且有能力把日子过得顺心，就是遇到挫折，也能自我调整，能较自然地处在一种对事物的全面理解中。相反，那些心性不好的人，很明显，因为他们关注的视角不同，他们的生活是不幸福的。

当然，每个人都有不良的情绪，都会遇到一些不快的事，我们都要学会调节，将负面情绪减小到最低程度。

投资要快乐至上

生活中，我们参与到投资中，出发点是为了赚钱，为了改善生活，为了实现愿望，而最终都是为了获得快乐。然而，在投资中，我们发现一些人似乎忽略了这一点，他们认为财富是快乐的来源，一旦投资失利，就精神萎靡、怨天尤人。而实际上，生活中，无论发生什么，开心一天，不开心也是一天。遇到投资不顺，我们依然应该以快乐的心情来面对，要知道，我们的生活中，除了投资以外，还是有很多其他需要我们关注的事。

专栏作家哈里斯和他的朋友在报摊上买报纸，朋友礼貌地对报贩说了声谢谢，但报贩却冷口冷脸，没发一言。“这家伙态度很差，是不是？”他们继续前进时哈里斯问到。“他每天都是这样的。”朋友说。“那么你为什么还是对他那么客气？”哈里斯问。朋友答：“为什么我要让他决定我的行为？”

每个人心中都有一把“快乐的钥匙”，但我们却常在不知不觉中把他交给别人掌管。我们身处的地方，不论是环境、人、事、物都很容易影响我们的情绪，可是千万不要忘了，决定快乐的钥匙，只在你自己手中！

生活是一种感受，而人生短暂，我们应该做的是好好地享受人生，开心地活着。当仇恨心理出现的时候，我们要做的是多想象生活中快乐的事，用快乐的情绪冲淡仇恨。

《飘》的作者玛格丽特·米契尔曾说过："直到你失去了名誉以后，你才会知道这玩意儿有多累赘，才会知道真正的自由是什么。"的确，在那光鲜靓丽的外表下，在闪烁的灯光下，是一颗无法言语的疲惫的心。因此，快乐不是千金的财富，不是受人注目的地位，幸福是属于你自己的。如果你总是认为赚的钱没有别人多，待遇没有别人好，孩子没有别人聪明，日子过得没别人滋润，那么你就感受不到幸福。而如果你把关注点放在家人的健康、有衣穿、有食物吃，一家人能够每天聚在一起吃饭，那么你就会觉得幸福。的确，关于幸福，变个思考的方式，一切就会不同了。

从前，有一对孪生姐妹。姐姐嫁给了一个有钱人，过上了锦衣玉食的生活，但她似乎并不快乐。妹妹则嫁给了一个豆腐作坊的穷人。有一天，闲来无事的姐姐想去看看妹妹过得怎么样。来到妹妹家，她看到妹妹正在辛勤劳作，却还唱着歌。姐姐恻隐之心大发，说："你这样辛苦，只能唱歌消烦，我愿意帮助你，让你们过上真正快乐的生活，谁让我们是姐妹呢？"说完，她放下了一大笔钱，送给妹妹。

这天夜里，姐姐回到家后，躺在床上想："妹妹不用再这么辛做豆腐了，她的歌声会更响亮的。"

第二天一早，姐姐又来到作坊，但听不到妹妹的歌声了。她想，妹妹可能激动得一夜没睡好，今天要睡懒觉了。

但第二天、第三天，还是没有歌声。姐姐觉得奇怪。就在这时，妹妹拿着姐姐给自己的钱，着急地对姐姐说："我正要去找你，还你的钱。"

姐姐问："为什么？"

"没有这些钱时，我每天做豆腐卖，虽然辛苦，但心里非常踏实。每天晚上，能和丈夫、孩子一起数今天赚了多少钱。而自从拿了这一大笔钱，我和丈夫反而不知如何是好了。我们还要做豆腐吗？不做豆腐，那我们的快乐在哪里呢？如果还做豆腐，我们就能养活自己，要这么多钱做什么呢？放在屋里，又怕它丢了；做大买卖，我们又没有那个能力和兴趣，所以还是还给你吧！"

姐姐非常不理解，但还是收回了钱。第二天，当她再次经过豆腐坊时，听到里边又传出了小夫妻俩的歌声。这时，她似乎知道为什么妹妹过得比自己幸福了。

听完这个故事，可能有些人会有所感悟。的确，金钱、权利、地位都不是我们快乐的源泉，换个思维方式，专注、体会身边的幸福生活，并不断感悟，我们的幸福指数才不断上升。

可能一些人还是不解，他们会说，钱多还不好么？没听说过钱多会咬手的。但事实是，钱多的确会“咬你的手”，像明人陆绍珩讲的那个“白髭老贵人”，就是因为钱多，所以思虑也多——想拥有更多的钱，又担心别人谋算他的钱，竟连个踏实觉也睡不成。其实，如果我们换个思维方式，不去关注金钱、名利、地位等，而去关注身边实实在在的幸福，那么，你将获得完全不一样的生活。

同样，投资中，我们也不要总是认为赚钱就快乐、亏损了就悲伤，我们应该把注意力放到投资本身上，要享受分析和判断这一过程。

德国精神治疗专家麦克·蒂兹说：“我们似乎创造了这样一个社会：人人都拼命地表现，期望获得成功，达不到这些标准心里便不痛快，便产生耻辱感。”细究我们苦恼的原因，更多的是由于在现代的“嗜欲场”上，“肝肠”不是太“冷”，而是太“热”——太热衷于金钱、财富、地位、名声这些所谓“成功”的标准。达不到，就苦恼。什么程度算达到，自己也搞不清，因此只有永远苦恼下去……而学会以淡泊之心看待权力地位，这是免遭厄运和痛苦的良方，也是超然于世外的智慧。

别天天想着投资这回事

生活中的人们，不知你是否有这样的体会：骑车在路上行走，看到前面有棵树，你告诉自己一定要绕过去，但还是莫名其妙地撞上去了；失眠的晚上，会发现越想睡觉，却愈发睡不着，越是想克制自己不去想任何事情，却越无法停止思考；电影里，一人用刀挟制另外一个人，被挟制的人告诉自己一定不会受伤，但潜意识里已经将注意力放到刀子上了，然后，悲剧真的发生了……同样的情况发生在那些，戒烟瘾和戒网瘾的人身上，越是压抑，则越会反噬！也就是说，如果你正在专注这件事，你把所有注意力都投入其中，你会发现，越是专注，越是紧张，结果也就越不尽如人意。

不少投资者对此深有体会，当被问及为何每天想着投资这回事时，他们的回答是："我不懂投资，别人以为我愚蠢和无知，开始投资之后，却多了烦恼和痛苦，如果不关注投资，恐怕与现在社会有'代沟'，关注投资，却让自己六神不安。结果，因为投资情况不佳，心里特别难受。"怎样跳出这种矛盾的心理陷阱呢？

事实上，天天钻研投资，自然容易被投资所折磨。其实，即便是那些职业投资者，也不是天天只关注投资，他们也知道什么时候应该战斗，什么时候应该休息。

所以，投资专家告诉我们，不要天天想着投资这回事，实际上，你的生活中还有很多其他事需要我们投入和关注。

美国斯坦福大学的一项研究也表明，人大脑里的某一图像会像实际情况那样刺激人的神经系统。比如当一个高尔夫球手击球前一再告诉自己"不要把球打进水里"时，他的的大脑里往往就会出现"球掉进水里"的情景，而结果往往事与愿违，这时候球大多都会掉进水里。

我们每一个人几乎都有过这样的经历，我们越是专注于某一件事情，越是很难做好。而许多感觉实在难以完成的任务，心里不去想了，以听之任之的心态去对待，往往却又轻而易举地做好了。

为此，我们在从事某件事时，也要调节自己的心态，学会转移注意力，才能看淡结果，才能减少或者消除紧张感。

投资者对于投资结果，总是表现得十分紧张："这项投资我跟了半年了，要是失败了，就完了。"事实上，你要明白的是，你可以掌握自己努力的程度，却把握不了最终成绩。患得患失，只会给自己制造遭受挫折的条件。

我们不要被表面的投资问题所困扰，要让心灵提升到更高的境界，毕竟人生中美好的东西有许多。把时间放长久一点来看你的投资，这些心理矛盾，只是些虚妄幻影而已，自然问题也不解而自解。

那么，我们该如何转移自己的注意力，在投资中避免患得患失的心态呢？

1. 摘掉假面具，承认自己的紧张

我们越是想获得成功，越是焦虑。此时，而克服的方法是让紧张情绪反过来帮你的忙。心理学家称其为“积极性重构”，即以不同观点来看问题——从好处看，而不是从坏处看。当你对自己有信心，又具有表达自己感受的勇气时，你就能把自己的焦虑减轻，使之化为力量，从而坚强起来。

2. 专注投资这件事本身，淡化焦虑

如果太注重成功或失败，结果往往会失败。只要你注重事情本身的特点及规律，专心致志地做好事，你就会收到意想不到的效果。

当你能够以一种闲庭信步的心态面对你的投资的话，你就是一个随心所欲、能控制自己紧张情绪的人了。

3. 转移注意力

投资中，当出现不良情绪时，可以将注意力放到其他事情上去，做自己喜欢做的事，比如，打球、上网、跑步等，从而将心中的苦闷、烦恼、愤怒、忧愁、焦虑等不良情绪通过这些有情趣的活动得到宣泄。

总之，过分考虑后果、患得患失的的心态只会让人紧张加剧。投资中，关注过度，就会把结果看得太重，做事就会受到影响。要想克服紧张，首先就要看淡结果、学会转移自己的注意力。

以平常心面对投资失利

自打我们来到人世，似乎就在为所谓的幸福努力着，于是很多人毕生都在奋斗，努力地证明自己生命的不凡。有的人选择了用事业上的成功来证实，有的人用不断争取来的权势来证实，有的人凭借巨额财产来证实，有的人用满腹的才华来证实……对于财富，不少人选择了投资，然而，投资有风险，有的人成功了，也有一些人失败了。面对得失荣辱，他们倾注了太多的精力，给自己施加了太多的压力，于是，他们一直在倾注心血，到头来却不知道自己在忙什么。面对投资中的失利，不少人无法释怀，而其实，即使是失利，也是能锻炼意志的，这能让我们更成熟、更有活力和斗志，要知道，即便不是如此，你感到不安、烦躁、痛苦甚至是绝望等，失败的局势已经造成，你也无法改变你的账户上的数目，所以，与其情绪低落，不如坦然以对。

其实，细想起来，所谓的名利、金钱，到头来不过还是一场空。只有释放成败给自己带来的压力，我们才能更好地走好前方的路。

唐代有一位丰干禅师，住在天台山国清寺。一天，他在松林漫步，山道旁忽然传来小孩啼哭的声音，他循声望去，原来是一个稚龄的小孩，虽衣服不整，但相貌奇伟。丰干禅师问了附近村庄人家，没有人知道这是谁家的孩子。丰干禅师不得已，只好把这男孩带回国清寺，等待人家来认领。因为他是丰干禅师捡回来的，所以大家都叫他“拾得”。

拾得在国清寺安住下来，长大以后，上座就让他做添饭的工作。时间久后，拾得也交了不少道友，与其中一个名叫寒山的贫子，相交最为莫逆。因为寒山贫困，拾得就将斋堂里吃剩的饭用一个竹筒装起来，给寒山背回去。

有一天，寒山问拾得：“如果世间有人无端地诽谤我、欺负我、侮辱我、耻笑我、轻视我、鄙贱我、恶厌我、欺骗我，我要怎么做才好呢？”

拾得回答道：“你不妨忍着他、谦让他、任由他、避开他、耐烦他、尊敬他、不要理会他。再过几年，你且看他。”

寒山再问道：“除此之外，还有什么处世秘诀，可以躲避别人恶意的纠缠呢？”

拾得回答道：“弥勒菩萨偈语说：

老拙穿破袄，淡饭腹中饱，补破好遮寒，万事随缘了；

有人骂老拙，老拙只说好，有人打老拙，老拙自睡倒；

有人唾老拙，随他自干了，我也省力气，他也无烦恼；

这样波罗蜜，便是妙中宝，若知这消息，何愁道不了？

人弱心不弱，人贫道不贫，一心要修行，常在道中办。

如果你能够体会偈中的精神，那就是无上的处世秘诀。”

俗话说：“命里有时终须有，命里无时莫强求”。生活对于每个人来说，蕴藏着无限的哲理与深意，要做到不为世事缠缚，洒脱自在，就必须对生活的要求不能太多。

其实，面对投资中的得失成败，我们何尝不应该如此呢？我们必须要正视投资中的失利，我们不必欢呼于自己的成功，更要心平气和地接受失败。一些投资者在面对失利的情况就怨天尤人，萎靡不振，其实这是不对的做法。重要的不是沉溺于失败的困境，而是应该痛定思痛，找到失败的原因，并给予细致的分析，进而以全新的状态投入到投资之中。

实际上，保持一颗平常心，是人生的一种智慧。有一颗平常的心，才能正视现实，甘于平庸；面对“花花绿绿”“流光溢彩”不生非分之心，不做越轨之事，不做虚幻之梦。面对外界种种变化与诱惑，心不痒，嘴不馋，手不伸，脚不动，荣辱不惊，去留淡然，白天知足常乐，夜晚睡眠安宁，走路步步稳健，说话句句在理。总之，拥有一颗平常的心，能让我们拿捏好尺寸，把握住幸福。

耐心等待，会迎来新的契机

中国人常说：“识时务者为俊杰”在《三国志》里，司马微也说：“平庸的书生文士怎么会认清天下的大势呢？能认清天下大势的人才是杰出的人物。”的确，任何一个人，只有看清了局势，方能顺势而为。在现实生活中，我们常常用“顺”来表示美好，那些懂得顺水推舟、顺势而为的人，才能达到圆满的人生。

我们要明白一个道理，投资行业没有绝对的时局，谁都不可能是常胜将军，也没有哪一行永远是“牛市”，以股市为例，既没有只涨不跌的股，也没有只跌不涨的股。所以，你不必因为没有赶上好的市场行情而懊悔，更不必因为身处四面楚歌的熊市而烦心，应了解投资市场涨跌起伏的规律，以平和的心态坦然对待。

在生活中，一个人无论有多么大的能力，他总是受到周围环境以及诸多因素的制约，不能够为所欲为。在局势变化的情况下，如果你一意孤行，最后吃亏的只能是自己。所以，一个人要懂得认清局势，并顺应局势的变化，明时务，灵活处理自己的相关事宜。

对于生活中的我们来说，需要心眼明亮，看清形势再作为，适时忍耐，不断积蓄力量，等待着一飞冲天的那一刻。对于投资来说，投资市场有它的变化规律，我们需要的是耐心等待，然后静候时局的变化。

曾国藩凭着自己几十年的仕宦生涯，对官场的险恶看得最清楚。平定太平天国运动之后，清政府对曾国藩弟弟很不放心，欲其速离军营而不令其赴任浙江巡抚。面对这一形势，曾国藩无奈，只好以病情严重为由，奏请曾国荃开浙江巡抚缺，回乡调理，避开锋芒，而这正是朝廷的意思。

曾国荃回乡修养，本是曾国藩的韬晦之计，顺应形势，暂时退避是为了永久保住自己的既得利益。不过，曾国荃却是一个不甘寂寞的人，尤其对于朝廷有意牵制曾家兄弟的举措很不满，心中流露出憎恨。曾国藩多次嘱咐弟弟不要轻易出山，如今时局严重，不必惹祸烧身，最好在家静养一年。对此，曾国藩在日记中写道：“有见识的人士和相爱的朋友大多奉劝弟弟暂缓出山，我的意思是让弟弟多调养一段有病的身体，在家闭门三年，再插身而出，担当天下的艰巨任务。”同时，他还嘱咐弟弟：“你的性情就是好打抱不平，发泄公愤，同时又对朋友情谊深厚，非常仗义，这个时候告病在家，千万不要对地方公事干预丝毫。”在曾国藩的耐心劝导下，曾国荃耐着性子在湖南老家呆了一年多。

直到清政府颁布诏令命曾国荃改任湖北巡抚，并帮办“剿捻”军务。这时，曾国藩认为形势已经好转，才力促弟弟出山而任事，他说："惟决计出山，则不可再请续假，恐人讥为自装身份太重。余此信已为定论下次不再商矣。"

曾国荃的退隐和出山，均是曾国藩的权宜之计。当时时局严重，清廷对曾氏兄弟有了疑心，而曾国藩看清了局势，规劝弟弟暂时退隐，如此一来，才能永久保住自己的利益。如果执意下去，曾国荃的官运有可能不长久。在曾国藩的权益之计下，弟弟回老家修养了一年多，而即时清廷已经放下了疑心，打算请曾国荃出山。于是，在顺势的条件下，曾国藩觉得弟弟出山的机会成熟了。因此，这才有了后来曾氏家族在清廷的美名。

当局势发生了变化，自己之前所渴望的机遇也擦肩而过时，我们该怎么办呢？是怨天尤人，还是韬光养晦、蓄势待发？俗话说："不飞则已，一飞冲天；不鸣则已，一鸣惊人。"如何面对既成的局面，惟有不断地提高自己的能力，等待机遇的到来，再迅猛出击，奋起拼搏。

投资市场都有一定的规律，涨跌都是互相转化的，这更需要我们懂得顺势而为，耐心等待，不可急躁。

第07章 养成好心态，需要先战胜自己

前面，我们已经分析过心态的好坏在投资中的重大影响，然而，人都是有弱点，人性中也有很多负面的部分，比如，懒惰、嫉妒、骄傲等，一旦我们被这些部分掌控，我们很容易陷入负面心态中。因此，我们每个人都要认识到战胜自己的必要，更应该看到战胜自己对于自己在投资市场发展的重要性。只有坚决地约束自己、战胜自己，才能调整出最佳的状态进行投资，才能取得成功、获得财富。

确保资金安全，寻求稳步增长

我们发现，在我们的生活中，到处充斥着关于炒股、炒房、炒基金的言论，甚至出现了很多的投资神话，比如，某人投资什么一夜暴富，或者谁眼光独到，资金翻了几倍等。

其实，理智的我们应该看到的是：民间流传的财富神话真假有待考证；另外，这么高的投资回报，并不是每个投资者都适合。毕竟，高回报伴随的是高风险，只有那些敢于冒险且眼光独到的人才有可能获得高额回报。

所以，对于大部分的普通投资者而言，我们最先要确保的还是资金安全，在此基础上再寻找一条合适的稳步增长的投资方法，这才是最适合自己的投资之道。

事实上，我们每个人都知道，无论是理财投资还是做其他任何事，要想达成目标，都是需要一个过程而不是一蹴而就的。哲学家尼采曾说："耐心在完成工作和创作作品中有着不可替代的作用。欲速则不达。因此，完成一件事的关键，并非才能或技术，而是相信时间的催熟作用，并不断走下去的气质。"

这里，尼采强调的是时间的催熟作用，也就是我们要相信坚持的力量，要有耐心，要经得住时间。生活中，人们常说："心急吃不了热豆腐。"指做事不要急于求成，喻踏实做事，水到渠成。的确，总是想着成功的人，往往很难成功；太想赢的人，往往不容易赢。欲速则不达，凡事不能急于求成。相反，以淡定的心态对之、处之、行之，以坚持恒久的姿态努力攀登，努力进取，成功的机率却会大大增加。

孔子曰：“无欲速，无见小利。欲速，则不达，见小利，则大事不成。”真正能成大事者都有个特点，那就是有十足的定力，遇事不慌不乱，这也是一种智慧。人要学会用长远的眼光看问题，不仅要看到近期的得失，更要着眼于未来。只有凡事不急于求成，才能真正有所成就。

我们都听过《揠苗助长》的故事。

从前，宋国有个农民，他做事总是追求速度。因此，对于田间的秧苗，他总觉得长得太慢。于是，他闲来无事时，就会到田间转悠，然后看看秧苗长高了没有，但似乎秧苗的长势总是令他失望。用什么办法可以让苗长得快一些呢？他思索半天，终于找到一个他自认为很好的办法——我把苗往高处拔拔，秧苗不就一下子长高了一大截吗？说干就干，他就动手把秧苗一棵一棵拔高。他从中午一直干到太阳落山，才拖着发麻的双腿往家走。一进家门，他一边捶腰，一边嚷嚷：“哎哟，今天可把我给累坏了！”

他儿子忙问：“爹，您今天干什么重活了，累成这样？”

农民扬扬自得地说：“我帮田里的每棵秧苗都长高了一大截！”他儿子觉得很奇怪，拔腿就往田里跑。到田边一看，糟了！早拔的秧苗已经干枯，后拔的也叶儿发蔫，耷拉下来了。

揠苗助长，愚蠢之极！每一棵植物的成长都是需要一个过程的，需要我们每天辛勤地浇灌、耕耘等，才能获得成果。每一个生命的成长也如此，千万不要违背规律，急于求成，否则就是欲速则不达。

其实，不光是这个农民，在现实生活中，在投资中有这种急功近利的心态的也大有人在，他们总是希望一夜暴富，总是希望一口吃个胖子。事实上，急于求成，心态浮躁，会把最简单、最熟悉的小事都办糟，何况富有挑战性的大事呢？

任何一种本领的获得、一个人生目标的达成都不是一蹴而就的，财富的获得更是如此，我们想要赚钱，是需要经历一个过程的。正所谓“梅花香自苦寒来，宝剑锋从磨砺出”，任何急功近利的做法都是愚蠢的，做任何事情都要脚踏实地，一步一个脚印才能逐步走向成功。一口是永远吃不成一个胖子的，急于求成的结果，只能适得其反，结果只能功亏一篑，落得一个揠苗助长的笑话。

强扭的瓜不甜，强求的事难成，以淡定的心态面对，往往会水到渠成。因为人们的主观愿望与实际生活总是有差距的。我们千万不可把自己的主观意愿强加于客观的现实中，我们应该学会随时调整主观与客观之间的差距。凡事顺其自然，确实至为重要。有些事情就是奇怪，你越努力渴求的，它反而越迟迟不来，让你等得心急火燎、烂额焦头。终于，你等得不耐烦了，它又如从天降，给你个惊喜满怀。

可见，投资中，急于求成、急功近利的思想要不得。在投资前，一定要深思熟虑，否则，只能是事倍功半，甚至是瞎忙活。不但没有什么效果，还会平添许多烦恼。

冲动之前先冷静下来

我们知道，人都是情绪的动物，我们的情绪会被周围的人和事所影响，但成功的人能做到自控，做事不冲动；而失败的人则相反，他们性情散漫、毫无节制，总是受自己的情绪摆布，而情绪总是依环境氛围而变幻莫测。于是，他们陷于这种恶性失衡之中，做事时陷入自相矛盾的境地。这种过分轻狂不仅毁掉了他们的意志，影响他们的判断力，干扰了他们的欲望和理解力。

在投资中，相信我们都听到这样的建议：投资一定要多思考、理智判断，不能凭一时情绪、在冲动之下做出决定。

可能会有一些人产生疑问，投资的目的就是赚钱，万一亏了钱呢？难道还能冷静吗？还能不在乎吗？所以，对于我们一般人来说，亏损的情况下，不在乎是不可能的，此时，就需要我们懂得让自己冷静下来的方法。

任何一名投资专家都建议我们，在做任何投资决定之前，都要先冷静下来，然后做好调查分析工作，比如，你得知某只股票要涨时，应该先调查一下这家公司的运行状况、业绩等。也可以在网上搜寻一下其他投资人的看法或者专业投资分析师的说话，看看大家是不是认为它会涨，如果在分析之后得出不会涨的结论，那么，就不要盲目买进了。

如果你也是个冲动的投资者，但请记住：冲动是魔鬼，会让自己一败涂地，因此投资中一定要自制，理智思考并克服自己的情绪。

曾经，有一个经验丰富的高级间谍被敌军抓住了，他立即想到，要想逃脱，就必须装聋作哑。当然，敌军也怀疑他是否真的不会说话。于是，他们开始运用各种方法盘问他，无论是诱惑还是欺骗，他都不为所动。于是，到最后，敌军审判官只好说："好吧，看起来我从你这里问不出任何东西，你可以走了。"

这个间谍当然心里明白，这只不过是审判官检验他是否真说谎的一个方法而已。因为一个人在获得自由的情况下，内心的喜悦往往是抑制不住的，如果他此时听到审判官的话后立即表现出愉快或者激动起来，就证明他听得到审判官的话，那么，他就不打自招了。因此，他还是站在原地。最后，这名审判官不得不相信，他真的不是间谍。

就这样，这位间谍以他特有的自制力，活下来了。

看完这个故事，我们不得不惊叹，多么精明的间谍。俗话说：态度决定一切。这就是说，一个人的情绪糟糕，容易冲动，往往会把一切事情都办糟糕。即使遇到了好事和良机，也会因为不良的情绪，使自己产生出无形的压力，使自己的能力无法充分发挥，错过这些机遇。

那么，我们该如何克服投资中的冲动呢？

1. 要有务实精神

务实其实就是脚踏实地，不浮躁，只有学好基础知识，你才能开拓，否则，一切都是花架子。

2. 尝试着让自己安静下来

如果你的心无法安静的话，你可以尝试着先换一下环境，然后闭上双眼，深呼吸，慢慢地放松，多尝试几次会好点。

3. 善于思考

成功的投资者之所以会成功，是因为他们善于运用思维的力量。正像爱因斯坦的某些学说在当时被喻为“疯子式的假设和推论”，但后人均证实他的理论并非错误，他的猜测并非虚幻；当布鲁诺用生命捍卫哥白尼“日心说”理论的时候，所有的人都认为他只是另一个“疯子”，而今天的我们确实认同了太阳系的概念。但这些伟大的思维，无不是在磨难和折磨中中形成的。

在投资中，如果你想一个问题想得太过于复杂的话，可以尝试着问自己，自己想这个问题究竟是为什么，什么让自己变得这样，问多几次后，自己就可以了解自己的困惑，从而从心底去除这个杂念。

4. 学会做些放松训练

舒适地坐在椅子上或躺在床上，然后向身体的各部位传递休息的信息。先从左脚开始，使脚部肌肉绷紧，然后松弛，同时暗示它休息，随后命令脚脖子、小腿、膝盖、大腿，一直到躯干部休息，之后，再从脚到躯干，然后从左右手放松到躯干。这时，再从躯干开始到颈部、到头部、脸部全部放松。这种放松训练的技术，需要反复练习才能较好地掌握，而一旦你掌握了这种技术，会使你在短短的几分钟内，达到轻松、平静的状态。

总之，投资中，考虑问题应从现实出发，而不能凭意气热情，学会站在全局的角度看问题，你就能看得远，寻找出最好的解决方法。

不要指望通过投资不劳而获

生活中，大概我们每个人都有懒惰的心理，一些人甚至希望不劳而获、一劳永逸，所以面对有不劳而获的机会，人们都会努力抓住。然而，不劳而获是什么结局呢？接下来，我们先来举个例子说明。

曾经有一个养殖村，这个村子里的村民基本上都以养猪为生。

一次，村里的猪圈被邻村的人破坏了，几头猪跑了出去。这些猪经过放养以后，变得很凶悍，人们很难捕捉到他们。

一天，村里的一个老者说自己要把这些猪都捕捉回来，人们都嘲笑他，因为即使村里那些猎手，也很难做到。然而，老人却做到了。

老人是这样做到的：他首先找到这些猪经常出没的地方，然后在空地上放少许谷粒当诱饵。刚开始，这些猪还有点聪明，都不靠近这些谷粒，但几天之后，它们发现这些空地是安全的，便把那些谷粒都吃了。随后，老人又在空地多放了些诱饵，只是几尺远的地方竖起一块木板。这些猪一看到木板，就撤退了。但面对那些诱人的谷粒，它们还是经受不住诱惑，于是，它们又回来了。此后，老人每天都会在谷粒旁边多加几块木板，看到这些木板，这些猪还是会远离一阵子，但最后都会再来“白吃午餐”。最终，围栏也做好了，陷阱的门也准备好了，这些猪因为不劳而获而被老人重新捕捉到围栏里。

这里，我们都会取笑野猪的愚蠢，也会明白一个道理——不劳而获是不可取的。同样，在投资中也是如此，我们每个人都绝不可奢望通过投资来达到不劳而获的目的。诚然，确实有一些人通过投资获得了财富，我们或许会心生羡慕，但我们不曾明白的是，他们也付出了艰辛，经过了失败的痛苦等。所以，我们可以说，世界上就没有不劳而获的事。

老子《道德经》中曾有这样的记载：“将欲去之，必固举之；将欲夺之，必固予之。将欲灭之，必先学之。”主要意思是：想要夺取它，必须暂时给予它。“你想要得到什么，必须先要付出什么”这句话流传至今，已经变成了“将欲取之，必先予之”。的确，没有谁能随随便便成功，也没有人能不劳而获，今天的成功就是因为昨天的积累，明天的成功则有赖于今天的努力。其实真正的成功是一个过程，是将勤奋和努力融入每天的生活中，融入每天的工作中。

的确，今天不过去，明天就不会来到，再伟大的理想，如果没有一天一天的累积，也会倾塌。在生活中，输得最惨的往往是些聪明人而不是笨人。原因就在于笨人知道自己不够聪明，只能靠苦干、实干才能创造好的生活，最终他们如愿以偿了。而聪明人做事时则不肯下力气，总想着耍小聪明，投机取巧，所以往往输得很惨，所以智慧和实干比起来，实干更加不可或缺。

从前，有一位爱民如子的国王，在他的英明领导下，人民丰衣足食，安居乐业。深谋远虑的国王却担心当他死后，人民是不是也能过着幸福的日子，于是他招集了国内的有识之士。命令他们找了一个能确保人民生活幸福的永世法则。

三个月后，这班学者把三本六寸厚的帛书呈上给国王说："国王陛下，天下的知识都汇集合这三本书内。只要人民读完它，就能确保他们的生活无忧了。"国王不以为然，因为他认为人民都不会花那么多时间来看书，所以他再命令这班学者继续钻研。两个月内，学者们把三本简化成一本。国王还是不满意。再一个月后，学者们把一张纸呈上给国王。国王看后非常满意地说："很好，只要我的人民日后都真正奉行这宝贵的智慧，我相信他们一定能过上富裕幸福的生活。"说完后便重重地奖赏了这班学者。

原来这张纸上只写了一句话：天下没有不劳而获的东西。

我们的生活中，总是有一些人，他们希望自己能得到命运的垂青，能快速发达，但他们却忽视了一点：做一切事都必须老地老老实实地努力才能有所成就。生活中的理财投资更是如此，我们需要放弃投机取巧的心态，实实在在地积累知识和经验。而只要还存有一点取巧、碰运气的心态，你就很难全力以赴。

所以，千万不要梦想着通过投资一夜暴富，这些一夜之间发达的梦想都是人们努力的绊脚石。我们需要记住的是，世界上没有不劳而获的东西，更没有免费的午餐，我们若想得到什么，就要为之努力，有付出才有收获，也要摒弃投机取巧的心态，即便是投资，也需要我们努力充实自己，一步一个脚印，最终才能收获满满的财富。

勤奋的人投资更容易成功

现代社会，知识改变命运这个道理早已毋庸置疑。时代正在急速发展，各种技术日新月异，这对生活在这个时代的人提出了新的学习的要求，但无论何时，勤奋永远是任何一个人应该摆在第一位的学习态度。如果你没有时刻学习的意识，不通过学习了解掌握新技术，那么你跟不上时代的发展是必然的。

同样，在投资行业，我们的目的是赚钱、获得财富，但这并不意味着我们把资金投入下去就可以一劳永逸了。事实上，在投资中，勤奋的人也更容易获得成功，相对于懒人而言，他们会做更多的准备工作，会时刻关注投资方面的信息，会进行实地考察等。而反过来，那些懒人，他们总是希望能打听到小道消息，总是希望有高手指点他们，告诉他们什么时候买进，什么时候卖出，甚至想着只要自己投入资金就可以了，他们甚至不关心自己的投资是怎样赚钱的，或者是怎样亏损的。

从古至今，我们发现，任何一个能做到 99% 勤奋的人都能最终取得成功。李嘉诚就是最好的例子。

有位记者曾问亚洲首富李嘉诚："李先生，您成功靠什么？"李嘉诚毫不犹豫地回答："靠学习，不断地学习。"不断地学习知识，是李嘉诚成功的奥秘。

李嘉诚勤于自学，在任何情况下都不忘记读书。青年时打工期间，他坚持"抢学"，创业期间坚持"抢学"，经营自己的"商业王国"期间，仍孜孜不倦地学习。李嘉诚一天工作十多个小时，仍然坚持学英语。早在办塑料厂时就专门聘请一位私人教师每天早晨 7 点 30 分上课，上完课再去上班，天天如此。当年，懂英文的华人在香港社会是"稀有动物"。懂得英文使李嘉诚可以直接飞往英美，参加各种展销会，谈生意可直接与外籍投资顾问、银行的高层打交道。如今，李嘉诚已年逾古稀，仍爱书如命，坚持不断地读书学习。

一个人不可能随随便便成功，李嘉诚向每个渴望成功和财富的人展示了这个道理。可能我们都惊羡于李嘉诚式的成功，但却做不到李嘉诚式的努力与勤奋。那么，你不妨问问自己：我做到 99% 的勤奋了吗？如果你的回答是否定的，那么，你就知道症结所在了。

也许，有的人会说，我不够聪明，我不懂投资，而实际上，即使智慧，也源于勤奋。没有人能只依靠天分成功。在投资行业，那些投资高手也都未必在某些方面高人一等，他们只是比一般的投资者付出了更多的努力。自身的缺点并不可怕，可怕的是缺少勤奋的精神。勤奋面前，再艰巨的任务都可以完成，再坚定的山也都会被“移走”。滴水能把石穿透，万事功到自然成。唯有勤劳才是永不枯竭的财源。

美国前总统威尔逊，出生在一个贫苦的家庭，当他还在摇篮里呀呀学语的时候，贫穷就已经向他露出了狰狞的面孔。威尔逊10岁的时候就离开了家，在外面当了11年的学徒工，每年只能接受一个月的学校教育。

在经过11年的艰辛工作之后，他已经设法读了1000本好书。这对一个农场里的孩子，是多么艰巨的任务啊！在离开农场之后，他徒步到100英里之外的马萨诸塞州的内蒂克去学习皮匠手艺。

在他度过了21岁生日后的第一个月，就带着一队人马进入了人迹罕至的大森林，在那里采伐圆木。威尔逊每天都是在天际的第一抹曙光出现之前起床，然后就一直辛勤地工作到星星出来为止。在一个月夜以继日的辛劳努力之后，他获得了6美元的报酬。

在这样的穷途困境中，威尔逊暗下决心，不让任何一个发展自我、提升自我的机会溜走。很少有人能像他一样深刻地理解闲暇时光的价值。他像抓住黄金一样紧紧地抓住了零星的时间，不让一分一秒无所作为地从指缝间白白流走。

12年之后，他在政界脱颖而出，进入了国会，开始了他的政治生涯。

威尔逊是任何一个美国人乃至世界人瞩目的对象，而他的成功就是勤奋的学习的结果。当今社会，竞争的日益激烈告诉每个人，只有知识才能改变命运，只有学习才能突破，才能具备竞争力。

爱默生也告诫每一个渴望获得成功的人：“人总归是要长大的。天地如此广阔，世界如此美好，等待你们的不仅仅是需要一对幻想的翅膀，更需要一双踏踏实实的脚！”

总之，财富与辛勤的劳动是成正比的，有一分劳动就有一分收获，日积月累，奇迹就可以创造出来。投资中最忌惰性，我们每个人都要努力克服、勤奋向前，才能收获财富、幸福和乐趣。

为什么懒惰者总是亏损

我们发现，在投资领域，有不少懒人，他们所希望的是花最少的力气，投入最少的精力，最好获得高人指点，完全不用自己去思考和判断以及分析，然后就能赚取到财富。

所以，当他们发现自己的这种方式成功了一次、两次或者三次后，他们就更不去思考什么了，而只是将这种规则继续运用下去，然而他们忽略了一点，市场风云突变，交易方式在不断改变，市场行情也在改变，如果我们的规则一直没变的话，很有可能导致亏钱。

那些懒惰者似乎永远不曾明白自己的投资为什么会赚钱，怎样赚钱，投资是怎样运行的等，他们关心的只有赚钱或者亏损，带着这种投机的心理，他们只会偶尔赚钱，经常亏钱。

我们以期货为分析对象。我们都知道，期货需要大量的时间去盯盘，需要细细分析，因为这一行业的行情很多，波动幅度也大，这就需要我们付出心血，所以，那些放任不管的人是无法在期货市场赚到钱的。事实上，也有一些人希望在这一行业一夜暴富，但真正能在这一行业赚到钱的，没有一个不是付出了长期艰辛的努力的。

在期货市场，即便是那些很有天赋的人，从进入这一行业到掌握一定的技术，最起码也要三五年的时间。而且，这一市场需要我们学习的知识有很多，比如资金、技术、心理都需要我们练，而这些积累并不是只要我们熬过了漫长的时光就能得到的，而是需要我们动起来，奔走于各个市场，并严格地执行交易计划，还有进行反省和总结。另外，如果我们的交易计划不是适应市场而做出的，或者没有考虑到市场的多变性，要想在期货市场占有一席之地，恐怕是不可能的。

接下来，我们再来分析一下股票。

我们第一步要做的就是认真地、仔细地选股，全面了解市场的变化，但对于那些懒惰者来说，他们才不会愿意花费精力去研究和选股，他们更喜欢应付牛市，因为毫无疑问他们会赚钱。但一到熊市，他们就转不过来弯来了，他们仍把熊市当成牛市对待，结果即使之前蒙对赚了钱，最后也会亏大钱。

事实上，无论是牛市还是熊市，它们的周期都比较长，而一个单边市场的不断强化会给人很特殊很深刻的印象。比如，如果你所处的是牛市，你会发现，每次在你所持股票涨的时候卖出，而在跌的时候买进，你总是能赚到钱的。这样的情况下，你无须担心被套，因此，你敢于在跌的时候大抄底。然而，作为懒人的你，此时的观念是完全错误的，这是因为你一直处于牛市中而没有经历大的失败，所以，到了熊市的时候，你还是不加思索地运用以前的手法，而忘记去改变自己的交易手法，从而没有将投资风险控制住。

其实，一般情况下，熊市要走完的话，最起码也得两三年或四五年时间，所以，在接下来的这段处于熊市的日子里，你也许会很沮丧，而一向懒惰的你开始认识到要改变自己去适应熊市的时候，你发现，熊市已经快结束了。很明显，接下来出现的是牛市，而此时的你则是在运用熊市的规则……如此恶性循环的本质原因其实就是你太懒了，总是运用自己的规则去交易，而没有细致地进行市场分析和研究，进而随时随形势调整交易策略。

实际上，我们多次反复强调过，我们所处的市场总是瞬息万变的，我们原来准备的很多管用的规则和交易方法顷刻间可能都毫无用处，如果我们强制执行，很有可能导致我们亏钱。而我们发现，那些懒惰者就是不愿意去发现、理解和分析，就是不愿意调整自己懒散的模式，所以，懒人就一定会亏损。举个例子来说，在牛市时，小明得到了小道消息，说他只要 KDJ 指标三线向上金叉就买进，向下金叉就卖出。小明试了之后，果然绝大部分交易是赚钱的，于是他就不去多想了，把这种交易方法一直用下去。但当熊市来临的时候，小明还是只知道 KDJ 指标三线向上金叉就买进，向下金叉卖出，结果屡战屡败之后还是不知道这个指标为什么失效了，还是不去思考如何做才能减少亏损，当然只会越亏越多。

所以，我们要说的是，在投资中，无论你投资的项目是什么，我们都要做个勤奋的投资者，要做到深入调查、研究和分析，努力学习投资知识，这样才能适应市场的各种变化，及时作出最正确的判断和投资决策。

正确看待他人的成功，嫉妒不可取

人与人相处，难免会相互比较，比较之下，就容易产生嫉妒心理。日本《广辞苑》为嫉妒下的定义是："嫉妒是在看到他人的卓越之处以后产生的羡慕、烦恼和痛苦。"要知道，嫉妒之心会毁坏友谊，损害人际关系，甚至毁灭了生活的安逸。美国著名心理学家布鲁纳曾经指出，好胜的内驱力可以激发人的成就欲望。但如果不能正确地认识竞争就会导致我们在相互的竞争中产生嫉妒心理。嫉妒过于强烈，任其发展，则会形成一种扭曲的心理：心胸狭窄，喜欢看到别人不如自己，并喜欢通过排挤他人来取得成功。

有只鹰它妒忌另一只比它飞的高的鹰，于是它对猎人说："你把它射下来吧。"猎人说："好，你给根羽毛，我当成箭，我好把那鹰射下来。"于是妒忌的鹰就在自己的屁股上拔了根毛给猎人。但是那鹰飞的太高了，箭到半空就掉下来了。猎人说："你再给我你的羽毛，我再射一次。"于是，妒忌的鹰又在自己的屁股上拔了根毛给猎人。当然，还是射不下来。一次又一次……最后，妒忌的鹰身上已经没有毛可以拔了，也再飞不起来了。猎人转向它说："那么我就抓你好了。"于是就把这光秃秃的，妒忌的鹰抓走了。

看完这则寓言故事，我们不免嘲笑这只愚笨的鹰，但其实我们人类何尝不是如此呢？很多时候，一些人因为怒烧的妒火而做出了害人害己的事。

如果你身处投资市场，你可能会发现似乎不少人都有这样的心态：妒忌比自己赚钱多的人，而嘲笑比自己赚钱少的，这就是典型的"气人有，笑人无"。而且这样的人不在少数，看到他人赚钱了，他们不仅不会由衷地恭喜他人，而且会质疑他人的赚钱方式，甚至提出一些尖酸刻薄的问题。

我们可以说，即便除了投资，赚钱的方式也有千万种，但是从来不包括嫉妒，嫉妒无法让你获得财富，反而让你身心俱疲。

其实，嫉妒心理普遍存在人类社会中。你是否曾经有这种感觉，当你和比自己优秀、比自己强的朋友在一起时，会产生心理不平衡："和她做朋友，感觉自己像个小丑一样，简直是她的附属品。"如果你的内心充满嫉妒，那么，这样的友谊，表面上还相安无事，但你的内心已经开始有一块阴云笼罩着，一旦出现一些小事，就一触即发。实际上，绝对的公平并不存在，如果你不能消除这种不平衡心理，你就不能以一种轻松的心态去面对对方。

"这段时间，我觉得自己挺奇怪的，我认识了一些股民朋友，但是我会忍不住将自己和他们对比，结果我发现自己是那么不如人。比如，前几年，我还没进入股市，他们都赚了一大笔了。如果我听到有人说今天谁又赚了多少，我就会内心莫名地恐慌，甚至还会有点恨对方，心中暗暗诅咒对方这次大跌，虽然也知道这样的想法很不对，但我就是控制不住自己。难道我真的是一个很坏的人，忍受不了别人比自己强吗？"

可以说，在投资市场，这类心理是极为普遍的。心理学家指出，如果我们不加以控制比较的心理的话，轻则会影响到我们的心理健康，重则会让我们产生心理疾病。而只有做到少一些比较，才能多一些开怀。那么，我们该怎样进行心理调节呢？

1. 有自知之明，客观评价自己

当嫉妒心理萌发时，或是有一定表现时，如果我们能冷静地分析自己的想法和行为，同时客观地评价一下自己，找出一定的差距和问题，也就能积极地调整自己的意识，控制动机和情绪了。

2. 学习其他投资者的赚钱方法

以这样的心态面对比自己优秀的投资者，不仅能学会用客观的眼光看自己和对方，也能弥补自己的不足，这样，就不至于为一点小事钻牛角尖。

3. 友善又和谐地与人相处

人际交往对你的心理健康发展而言非常重要，通过与人交往，你不仅能感受到友谊，还能通过他人的评价，及时地改正自己的不足，并且还能督促自己成长。同时，这对排解内心的嫉妒心理也非常有利。

4. 完善自己

一个人如果明白只有完善自己才能逐步提高的道理，也就能转移视线，不仅找到了努力的动力，也会豁然开朗。

总之，“人比人，气死人”，人们没有原则没有意义的盲目比较会导致心理失衡，进而引发嫉妒之心。投资中，如果一个人总是想着怎么对付他人，哪还有精力来分析市场、学习投资技巧呢？而且，嫉妒能我们失去判断力，所以，也自然赚不到钱。

第08章 养成好心态，先要正确了解自己

古人云：“人贵自知。”无论做什么事，最重要的是先了解自己，在投资中也是如此。一个人，只有全面地认识自己，了解自己的兴趣、特长、性格、常识、技能、智商、情商、思维方式、思维方法、道德水准等，才能选定适合自己投资方式，才能对自己的目标作出最佳选择，从而作出最明智的投资规划，进而获得财富。

你知道自己的才能在哪方面吗

生活中，我们每一个人都是一个单独的个体，人与人虽然没有优劣之分，但却有很大的不同。这世界上的路有千万条，但最难找的就是适合自己走的那条路。每一个人都应根据自己的特长，根据环境与条件来设计人生路。

对于投资者而言，了解自己的才能，才能让自己更清楚地明白自己更适合哪一类型、哪一领域的投资。其实，我们也不难发现，那些投资成功者，得益于他们首先充分了解自己的长处，根据自己的特长来进行定位或重新定位。

据说，有一次，爱因斯坦上物理实验课时，不慎弄伤了右手。教授看到后叹口气说："唉，你为什么非要学物理呢？为什么不去学医学、法律或语言呢？"爱因斯坦回答说："我觉得自己对物理学有一种特别的爱好和才能。"

这句话在当时听似乎有点自负，但却真实地说明了爱因斯坦对自己有充分的认识和把握。

尺有所短，寸有所长，一个人也是这样。你这方面弱一些，在其他方面可能就强一些，这本是情理之中的事情，找到自己的优势和承认自己的不足一样，都是一种智慧。同样，对于投资也是，你肯定有你擅长的行业，也有你不熟悉的行业，所以，你需要首先了解自己的能力，当然，如果你认为自己真的不适合投资的话，还是不要进入这一领域为好。

奥托·瓦拉赫是诺贝尔化学奖获得者，他的成才历程极富传奇色彩。瓦拉赫在开始读中学时，父母为他选择的是一条文学之路，不料一个学期下来，老师为他写下了这样的评语："瓦拉赫很用功，但过分拘泥，这样的人即使有着完美的品德，也决不可能在文学上发挥出来。”

此时，父母只好尊重儿子的意见，让他改学油画。可瓦拉赫既不善于构图，又不会润色，对艺术的理解力也不强，成绩在班上是倒数第一，学校的评语更是令人难以接受：“你是绘画艺术方面的不可造就之才。”

面对如此“笨拙”的学生，绝大部分老师认为他已成才无望，只有化学老师认为他做事一丝不苟，具备做好化学实验应有的品格，建议他试学化学。

父母接受了化学老师的建议。这不，瓦拉赫智慧的火花一下被点着了。文学艺术的“不可造就之才”一下子变成了公认的化学方面的“前程远大的高材生”。在同类学生中，他遥遥领先。

可见，成功是多元的，并没有贵贱之分，适合自己的、自己擅长的就是最好的，也就是成功的。

瓦拉赫的成功，说明这样一个道理：人的智能发展都是不均衡的，都有智能的强点和弱点，人一旦找到自己的智能的最佳点，使智能潜力得到充分的发挥，便可取得惊人的成绩。幸运之神就是那样垂青于忠于自己个性长处的人。松下幸之助曾说，人生成功的诀窍在于经营自己的个性长处，经营长处能使自己的人生增值，否则，必将使自己的人生贬值。他还说，一个卖牛奶卖得非常火爆的人就是成功，你没有资格看不起他，除非你能证明你卖得比他更好。

我们发现，在投资中，一些人把投资的决定权交到别人手上，人云亦云，盲目跟风，他们忽视了自己的内在潜力，忽视了自己可以掌握投资权，他们只关心投资是盈利还是亏损，以至于浑浑噩噩，不知道投资到底是怎么回事。

成功学专家 A. 罗宾曾经在《唤醒心中的巨人》一书中非常诚恳地说过：“每个人都是天才，他们身上都有着与众不同的才能，就如同一位熟睡的巨人，等待我们去为他敲响沉睡的钟声……上天也是公平的，不会亏待任何一个人，他给我们每个人以无穷的机会去充分发挥所长……这一份才能，只要我们能智取，并加以利用，就能改变自己的人生，只要下决心改变，那么，长久以来的美梦便可以实现。”

的确，一个人在这个世界上，最重要的不是认清他人，而是先看清自己，了解自己的优点与缺点、长处与不足等。搞清楚这一点，就是充分认识到了自己的优势与劣势，容易在实践中发挥比较优势，否则，无法发现自己的不足，就会使你沿着一条错误的道路越走越远，而你的长处会被你搁浅，你的能力与优势也就受到限制，甚至使自己的劣势更加凸出，使自己立于不利的地位。所以，从某种意义上说，是否认清自己的优势是一个人能否取得成功的关键。

当然，根据自己的优势来进行投资，有助于我们在投资中保持一种正面的积极态度，进而转换成积极的行动，这无疑是一项超强的利器。

你了解自己的性格类型吗

我们每个人自出生起，都在不断认识世界，接受外在世界赠与我们的一切，我们学会了很多，包括科学文化知识、审美、与人相处等，但在这个过程中，我们却很少认识自己。实际上，我们也总是在逃避认识自己，因为认识自己，就意味着我们必须要接受自己“魔鬼”的一面，这个过程对于我们来说是痛苦的，但如果我们想满足自己的需求、成为更优秀的自己，就必须要认识自己，就像剥洋葱一样，寻找到最本真的自我。

生活中，人们常说：“知己知彼，百战百胜。”一个人，只有看到自己的性格盲点、优点，才能有更好的表现。其中，在投资中，了解自己的性格类型，有助于我们找到自己适合的投资，比如，那些性格外向、急躁的人或许就不适合长线投资。

那么，如何认识自己呢？在西方的神话寓言里，有个著名的“斯芬克斯之谜”。

在希腊神话中，有个长着狮身女人面的带着翅膀的怪兽，每天都坐在在忒拜城附近的悬崖上，然后问过往的路人一个问题：“什么东西早晨用四条腿走路，中午用两条腿走路，晚上用三条腿走路？”假如被问者回答不出这个问题，它就将他吃掉。

奇迹出现了，这天，一位年轻的小伙子经过时说出了答案："这个动物是人。"斯芬克斯听完后大叫一声，然后羞惭地跳崖而死。这个人就是俄狄浦斯。

这虽然是个神话故事，但却能从中看到一点：并不是所有人都清楚地了解自己的性格类型。心理学家进行了调查研究，结果发现，被调查者有半数以上的人确实对自己的认识并不是十分清楚。

曾有一位著名的宗教人士指出：性格是一个人最看不见的本质。关于性格，心理学家也曾进行了一番分析调查和测试，并做出了归纳，指出人的性格大致可以分为九种，接下来，你不妨找出自己的性格类型。

1. 毫无烦恼、快乐无忧——外向者

你崇尚自由自在、无拘无束的生活，在你看来，人生就应该追求快乐和自由，就应该尽情地享受每一刻。你充满生命力，喜欢追求新奇的事物，你向往改变，总为那些不断变化的事物感到惊喜。

2. 谨慎、小心，待人温和——外向者

你性格温和，很容易交到朋友，但你也喜欢有自己的空间，你不喜欢总是被朋友环绕。在聚会上，你常常会在吵闹中寻找自己的一片静地，或者在喧闹中思考自己的人生意义，并且，你很享受这样的生活方式，这并不意味着你是个孤独的人，你对自己的现状很满意。

3. 勤恳、踏实、思维敏捷——内向者

你是大家眼中最真诚和自然的人，你喜欢那些淳朴的、自然的事物和人。在人们眼里，你做事踏实稳重、值得信赖，能够给予周围的人安全感，与你相处，会让别人感到温暖。你不喜欢那些俗气的、被包装的东西，对那些赶时髦的东西也是不屑一顾。

4. 前卫、独立，不受拘束——内向者

你向往自由、独立的生活，无论是你的工作还是生活，你都希望能与艺术有关，也许你会为了追求自由而做出一件出乎人意料的事。你不会去做那些庸俗的、追逐潮流的事，你会根据自己内心所想去生活，即便是与其他人格格不入。

5. 善于自我反思，是一个思考者——内向者

你能比其他人更有掌控性，因为你总是让自己处于思考中。那些肤浅的东西，常常不能入你的法眼，有时候，你宁愿一个人静静地思考，也不愿意加入到无聊的谈话中，但你却有一个或几个关系十分要好的朋友，这使你几乎很少感到孤独和寂寞。

6. 中肯、客观、自信——中性者

你很少对未来的生活抱有幻想，遇到问题你也不会沉浸在悲痛和无奈中，你会积极地寻找解决的方法，你更相信自己的能力。对于日常生活，你也能应付自如。周围的人也总是信任你，因此也愿意让你担当大任。对于你正在追求的事业，你总是信心满满，并且，在没有达到目的之前，你是不会放弃的。

7. 爱幻想、浪漫主义者——外向者

你思维感性，不喜欢用理智来思考事件，在你看来，感觉重于一切。你不喜欢总是被理智左右的人和事。

8. 自信、可信、分析能力强——中性者

你对事物总是能保持一份高度的敏感，那些被别人忽视的东西也总是能被你察觉，这是你与众不同的地方。你重视教养，你喜欢优雅而愉快的生活，你对所谓的潮流不敢兴趣，并且，你希望你周围的朋友也与你相同。

9. 有活力、好动——外向者

你好像总是充满力量，你喜欢冒险的生活，你认为那是刺激的、有趣的、能给你注入新鲜血液的，这样的工作也让你觉得富有挑战性。相对来说，那些按照正常程序走的工作会让你感到无聊。

总之，从心理学的角度看，一个高明的人，总是能看透他人，也能看透自己，因为一个人只有先了解自己的个性和性格类型，才能为自己量身定制投资类型，也才能有针对性地克服投资过程中遇到的问题。

你的情绪管理能力如何

我们知道，一个人是否成熟的标志就是是否能做到控制自己的情绪，比如，孩子们没有社会经验，根本就不知道什么对自己是有利的，什么是有害的，于是，他们高兴了就笑，伤心了就哭，生气了就闹。然而，等他们长大以后能对自己的所做的事情负责以后，如果仍然不明白这一点，那么，这个人的麻烦就会越来越多，他也会经常生活在苦恼里。

同样，在投资中，任何一个投资高手，都是善于管理自己的情绪的，他们不会任凭情绪控制自己的思绪和思维，所以，你必须要知道，在投资成功的路上，管理情绪可是一个重要关卡。

杰克是个多愁善感的小伙子，虽然他才二十几岁，但他已经显得老态龙钟了。他从来不与朋友一起出门玩，而是一个人坐在藤椅上，一言不发地凝神静思，有时还莫名其妙地哀声叹气。在长吁短叹中，杰克已步入中年。

有一次，他看一本心理学书籍，感觉书中的主人公和自己太像了，好奇心驱使他继续看下去。主人公向一个心理学家倾诉了自己的苦恼，而心理学家却一语道破了其中的原因："你已经三十几岁了，但你有反思过过去吗？你过去之所以从未快乐过，关键在于你总把已经逝去的一切看得比实际情况更好，总把眼前发生的一切看得比事实更糟，总把未来的前景描绘得过分乐观，而实际却又无法达到。如此渐渐地形成了恶性循环，自然就钻入'庸人自扰'的怪圈了。"

看到这里，杰克才发现，一直以来，自以为成熟的自己却一直在做不成熟的事。

心理学家说："人的性格弱点就在于好高骛远，总是向世界提出不切实际的要求。"这就是不成熟的表现。

情绪是一种生理应激反应，是人在受到外界事物刺激后的复杂心理变化。中国古代有诗歌这样描述："月有阴晴圆缺，人有悲欢离合。此事古难全。"这就是说自然界事物有变化，我们的内心世界也有起伏，月亮不会一直圆满，我们的情绪也不会一直良好。

那么，在投资过程中，你在多大程度上受理智的控制，又在多大程度上受情绪的支配？在这方面，人与人之间存在着很大的差异，这里面气质、性格、情绪、阅历、素养等都起着一定的作用。我们只有认清自己情绪的类型，发挥理性的控制，才能实现情绪反应与表现的均衡适度，确保情绪与环境相适应。

心理学家将人的情绪类型简单分为以下三个类型。

理智型：很少因什么事而激动，表现出很强的克制力甚至冷漠；对他人的情绪缺乏反应，感情生活平淡而拘谨，因此常会听到别人在背后说你是“冷血动物”。你需要放松自己。

平衡型：情绪基本保持在有感情但不感情用事、克制但不过于冷漠的状态；即使在很恶劣的情绪下握起拳头，也仍能从冲动情绪中摆脱出来，因此，很少与人争吵；感情生活十分愉快、轻松。

冲动型：非常情绪化，易激动，反应强烈；往往十分随和、热情，或者感情脆弱、多愁善感；可能常会陷入那种短暂的风暴似的感情纠纷中，因此，麻烦百出；别人若想劝你冷静，是件很难的事。这里有必要提醒你，一定要克制自己。

那么，我们该如何认识到自己的情绪类型呢？以下几种方法有助于我们了解自己的情绪。

1. 记录法

做一个记录自我情绪的有心人。你可以抽出一至两天或一个星期，有意识地留意并记录自己的情绪变化过程。可以以情绪类型、时间、地点、环境、人物、过程、原因、影响等项目为自己列一个情绪记录表，连续地记录自己的情绪状况。回过头来看看记录你就会有新的感受。

2. 反思法

你可以利用你的情绪记录表反思自己的情绪；也可以在一段情绪过程之后反思自己的情绪反应是否得当，为什么会有这样的情绪，这种情绪的原因是什么，有什么消极的负面影响，今后应该如何消除类似情绪的发生，如何控制类似不良情绪的蔓延等。

3. 交谈法

通过与你的家人、上司、下属、朋友等进行诚恳交谈，征求他们对你情绪管理的看法和建议，借助别人的眼光认识自己的情绪状况。

4. 测试法

借助专业的情绪测试软件工具，或是咨询专业人士，获取有关自我情绪认知与管理的方法建议。

投资中，真正有所成效的投资者多半都是理智的，他的成功并不在于他有多少资金，而是在于他能正确地评价自我，了解自己的状况，然后采取正确的投资决策，因而，提升管理情绪的能力也是提升自己投资能力的重要方面。

无需妄自菲薄，正确评价和相信自己

我们都知道，当今社会，机遇和挑战并存，自信的人永远获得机遇的垂青。心理学家认为：一个人如果自惭形秽，那他就不会成为一个美人；如果他不相信自己的能力，那他就永远不会是事业上的成功者。从这个意义上说，如果你是个自卑的人，那么，树立自信心是战胜自卑感的最好的方法。

事实上，任何一个行业，都是人外有人，天外有天，比我们能力强，赚钱多的人大有人在，投资中也是如此。我们没必要因此看低和否定自己，而应该宽容地看待自己的不足，还要找到自己的优势，然后迎头赶上。

周晓敏五年前就在这家投资公司工作了，可以说是一名资深员工。她能力出众、待人温和，几乎所有的同事和领导都喜欢她，这不，在最近的人事变动中，领导决定让她担任投资经理。升职了自然是值得庆贺的事情。这天中午，她的同事兼好友王璨把她约到咖啡厅，想当面道喜。

“恭喜你啊，周总。”王粲故意改变以往说话的口吻，她确实为好姐妹开心。

“有什么开心的，愁死我了。”周晓敏叹了口气。

“升职了，应该高兴了，别人盼还盼不来的呢，有什么可愁的？”王粲就纳闷儿了。

“说实话，我根本都不想升职，不想加薪。就现在这样当个投资顾问，我都觉得压力大，有做不完的事情，要是再当个经理，我还要做更多的事，承受更大的压力，我恐怕一点自己的空间都没了。再说，万一做不好呢，原本公司就有个跟我实力相当的人一直觊觎这个职位，我应付不来这个工作的话，他们更有理由找茬了。另外，我本来就是个不喜欢与人争抢的人，我也应付不了每天对下属们指点来指点去的工作，一旦成为经理，我想大概每天也都有人在议论我，就连我穿了什么衣服、剪什么发型，估计都成为大家的谈资，被人始终盯着的滋味实在不好受。”

听完周晓敏的话，王粲点了点头，确实是这么个道理，然后她接着问：“那你准备怎么做？任职命令可是已经下达了的呀！”

“能怎么办？躲着呗！能拖就拖，接下来几天我都不会来公司，请几天假，就说自己不舒服，公司这几天正是缺人手工作的时候，我关键时刻给他掉链子，高层肯定觉得我不能担当大任，自然会找人代替我。”

周晓敏的一番话让王粲沉思半天，的确，人们都只是看到别人身前的荣耀，却没有看到他们身后的牺牲和压力，不过，因为害怕成功所以讨厌，真的正确吗？

对于王粲的疑问，我们可以给出答案，当然不正确！一个人对自己缺乏自信、害怕成功，那么，只会导致他们停滞不前，只会把自己禁锢在牢笼中。其实，很多时候，你所恐惧的成功后的事情并不一定会发生，即便发生，也远没有你想象的可怕。

人们之所以会对自己做出妄自菲薄的评价，就是因为不中肯的对比，其实，我们最应该做的是和自己的过去对比，而不是与投资行业中的牛人比，要知道，对比之下，我们肯定能看出差距，势必会变得自惭形秽，而如果我们看到自己的进步，这就是最大的成功。

所以，我们可以和其他人比进步速度的快慢，而不是比成就的大小。或许在投资行业，有一些牛人，他们的成就比你大，但是你的进步速度最快，按照这样的速度进行下去，你迟早会赶上并超越在你前面的人。

在投资中，你是不是一听到别人的盈利水平比你高，你就羡慕不已，而觉得自己不如人呢？对此，在你已经执行了合理的规则的情况下，如果你的收益一直是稳定的，那么照此下去，你真正的收益肯定比别人高。

不过，我们还是要强调一点，之所以别人比我们收益率高，必定是有原因的，一些原因可能是偶然的，但也有必然的原因，前者我们不必理会，但对于后者，我们是要分析和研究的，比如，对方的投资经验、风险承受度或者可支配的时间比你好，投资策略也更成熟等。对此，我们就要向人家学习了，以此来提升自己的投资能力。

总之，我们需要知道，投资中，我们无需妄自菲薄，对于他人的高收益，我们应调节好自己，保持好精神，拥有好心情，才是至关重要的。

你的自律能力强吗

尼采在《漂泊者及其影子》中提出一个观点：每天克制一件小事，做自己行为的主人。　在尼采看来，自律的含义就是控制自我，也就是说，你要抵制盘踞在心中的欲望，不被欲望所左右，成为自己行为的主人。尼采认为，要做到自律，就不能光靠嘴上说说，要拿出实际行动来，一个人在小事上做不到自律，就不可能做成大事。

同样，自律对于那些投资者来说也尤为重要。前面，我们提到，投资中要有个好心态，要放松自我，这与自律并不矛盾。在交易之前，我们要做好准备工作并放松自己，而交易时就要遵守纪律了，要按照事先的计划进行交易，而对于交易中出现的某些意外情况，我们也不能随便更改交易规则，而完全凭自己的感觉来交易会打乱我们的交易计划，并且，这样做很容易导致亏损。

事实上，不仅是投资，在我们的工作和生活中，自律在很多方面都发挥着巨大的作用：它能督促自己去完成应当完成的任务；能抑制自己的不良行为，如贪婪、懒惰；能缓解不良情绪，如冲动、愤怒、消极；能抵御外界形形色色的诱惑，等等。相反，如果没有或缺少自我控制，不良的行为和情绪就会反过来控制你，你将失去意志力、信心、执着和乐观，失去获得成功的机会，甚至会偏离人生的方向，误入歧途。

我们也发现，人们之所以会做那些让自己后悔的事，归结起来，大多也是因为自制力薄弱，抵挡不住诱惑，因此做了不该做的事。要培养坚定自制力，首先要从心里认识到自律的重要性，然后才能自觉地培养。只有坚决地约束自己、战胜自己，最终才能战胜困难，取得成功。

美国石油大亨保罗·盖蒂曾经是个大烟鬼，烟抽得很凶。有一次，他在一个小城的旅馆过夜。清晨两点钟，盖蒂醒来，他想抽一根烟，不料烟盒里头却是空的。这时候，旅馆的餐厅、酒吧早关门了，他得到香烟的唯一希望是穿上衣服，走出去，到几条街外的火车站去买。越是没有烟，想抽的欲望就越大。盖蒂穿好了出门的衣服，在伸手去拿雨衣的时候，他突然停住了。他问自己：我这是在干什么？盖蒂站在那儿寻思，一个所谓相当成功的商人，一个自以为有足够理智对别人下命令的人，竟要在三更半夜离开旅馆，冒着大雨走过几条街，仅仅是为了得到一支烟？没多会儿，盖蒂下定了决心，把那个空烟盒揉成一团扔进了纸篓，脱下衣服换上睡衣回到了床上，带着一种解脱甚至是胜利的感觉，几分钟就进入了梦乡。从此以后，保罗·盖蒂再也没有拿过香烟，当然他的事业越做越大，成为世界顶尖富豪之一。

约束自己的得失之心，懂得为自己的所作所为负责，即使在无人知晓的情况下仍能自律的人，在人生道路上就能把握好自己的命运，不会为得失越轨翻车。这样的人必定能成为真正的强者。

在投资中，我们都羡慕那些投资成功者，他们收益率高、获得了财富，但是我们并未看到，他们也是吃了很多苦才成功的。难道他们是自找苦吃呢，以苦为乐吗？其实不然，大家对客观事物的情感体验是大致相同的，没有人早起晚歇地工作而不觉得累的，没有人不觉得娱乐是有趣的，没有人觉得累得腰酸背痛是舒服的，没有人觉得周末睡个懒觉是难受的……“以苦为乐”是他们帮助自己提高自制力的一种心理暗示方法而已。那么他们为什么要自找苦吃呢？其实他们是将目标放在了经过一定的苦而获得的更大的更长远的快乐上。他们会在投资获得收益后才放松自己，给自己一定的犒赏。

然而，我们发现，大部分人的目光只放在了眼前，求了一时之欢，却要在之后的日子承受长久的痛苦，比如，投资失败或者亏损后，我们就要为自己的财务问题负责。

自律是最难以获得的品质之一，如果能够抵制一时的诱惑和冲动，就更有成功的可能。自制力越高的人，成事的能力越强大。难怪作家塞缪尔·斯迈尔斯说：“自律自制是品格的精髓，美德的基础。”所以，投资中的每一个投资者，都要训练自己的这一品质，一个自律的人能够不断克服陋习、完善自己，一个不能自律的人却会被自己的一个小缺陷轻易击败。人或强大或弱小，是由能否战胜自我而决定的。

你是个容易被人左右的人吗

生活中的你，是否经历过以下场景：下班后，你需要留下来赶点工作，但你的同事却一直在给你打电话，约你去喝一杯。你怎么办？你是继续加班还是经不住他的诱惑？如果你选择后者，那么，这只能说明你是个容易被他人影响的人。

我们发现，在投资领域，也有不少这样的投资者，原本他们已经做好了准备工作，也做好了具体的投资计划，但是他们的自我意识不强，他们一听到别人说了与自己计划有出入的话就开始怀疑自己，或者一味地听从他人的话，别人说投资什么，他就投资什么。对于这样的人来说，在投资之前，最好先根据自己的经验制定出合适的投资计划和交易经验，然后按照计划严格执行，绝不能允许自己随意更改规则。而如果你认为自己很容易被影响的话，你可以将投资交给信任的人做。

我们前面说，真正的投资高手都是寂寞和孤独的，因为他们要摒弃外界的很多其他意见、流言蜚语等，但正是因为超强的自我意识，让他们坚决相信自己的判断而不被他人之言动摇，这是一种自信。

然而，生活中的我们却做不到这样，我们常被身边的各种问题困扰、烦心，因为我们太容易为周围人们的闲言碎语所动摇，太容易瞻前顾后，患得患失，以至于给外来的力量可以左右我们的机会，似乎谁都可以在我们思想天平上加点砝码，随时都有人可以使我们变卦，结果弄得别人都是对的，自己却没有主意，这真是我们成功途中的一个大障碍。

法国哲学家布里丹养了一头小毛驴，每天向附近的农民买一堆草料来喂。这天，送草的农民出于对哲学家的景仰，额外多送了一堆草料，放在旁边。这下子，毛驴站在两堆数量、质量和与它的距离完全相等的干草之间，可是为难坏了。它虽然享有充分的选择自由，但由于两堆干草价值相等，客观上无法分辨优劣，于是它左看看，右瞅瞅，始终也无法分清究竟选择哪一堆好。于是，这头可怜的的毛驴就这样站在原地，一会儿考虑数量，一会儿考虑质量，一会儿分析颜色，一会儿分析新鲜度，犹犹豫豫，来来回回，在无所适从中活活地饿死了。

小毛驴在充足的两堆草料面前，却落得个饿死的下场，真是令人匪夷所思。可见，迟疑不定不仅对人们做出正确的行为无丝毫的帮助，还会让人们延误时机，甚至酿成苦果。而实际上，除了动物以外，人类似乎也在重复这个幼稚的错误。尤其是那些内心不坚定的人，他们总会因为周围人的一些所谓的建议而踟蹰不定，而最终，他们也和这头小毛驴一样一无所获，甚至付出沉重的代价。

同样，投资中，扰乱我们的判断力的因素太多了，对此，我们要懂得调节，才能避免他人的有意干扰，为此，我们需要注意以下几点：

（1）学会让自己安静，把思维沉浸下来。把自我经常归零，每天都是新的起点，没有年龄的限制，只要你对事物的欲望适当地降低，会赢得更多的求胜机会。所谓退一步自然宽。

（2）如果心情烦躁的话，可以喝一杯白水，放一曲舒缓的轻音乐，闭眼，回味身边的人与事，对新的未来进行慢慢地梳理，既是一种休息，也是一种冷静的前进思考。

（3）多和自己竞争，没有必要嫉妒别人，也没必要羡慕别人。投资中，你要相信，只要你去做，你也可以的。为自己的每一次进步而开心，而不要和那些投资牛人比较。

（4）广泛阅读，多学习投资知识。阅读实际就是一个吸收养料的过程，多学习投资知识，你的投资技能会越来越高。

（5）不论在任何条件下，自己不能看不起自己。

（6）投资不要害怕失败。成就总是在经历风险和失误的自然过程中才能获得。懂得这一事实，不仅能确保你自己的心理平衡，而且还能使你自己更快地向成功的目标挺进。

（7）学会忍耐，用自己的智慧改变现有的状态。投资是一个快乐又枯燥的过程，这期间，你需要忍耐。忍耐身体的疲惫，忍耐思维上的煎熬，但是能够看到成功的到来，任何忍耐都是值得的。

总之，投资中做判断的时候，对周围环境中的不利因素，我们能避开的就避开，不要轻信别人的胡言乱语，人要有自己的主见。你要有坚定的信念，只有自己当机立断，相信自己的判断和能力，你的事业才会成功。

第09章 养成好心态，就要不断完善自己

我们多次强调好心态在投资中的重要性，然而，好心态的培养并不是一个简单的过程，在投资中，真正的好心态来自于我们自身储备的积累，比如，投资知识和技能的学习，对市场的考察能力，还有交易心态的调整等，所以，投资绝不是一劳永逸的，也不是靠投机就能赚到钱，而是需要我们不断完善和修炼自己，只有这样，我们才能在致富路上越走越远。

致富路上需要不断完善自己

《心理暗示术》作者爱米尔曾说过一句流传至今的自我暗示名言:“每一天,我们都以每种方式,让自己过得越来越好。”的确,我们常说的“人无完人”,是要告诉我们不可妄自菲薄,但这并不代表着我们无需完善自己。事实上,我们做任何事,都应该有有一颗追求完美的心。投资行业也是如此。因为即便是你现在的收益率很高了,依然有进步的空间,也就是说,假如你现在已经是 90 分,你还有 10 分提高的空间。即便你做到了该赚的都赚了,不该亏的没有亏,还有很强的风险控制能力,那么,你现在是满足于现状呢,还是正在追求更好的收益率呢?有没有在研究一种更简便、更有效的交易方法呢?

对此,我们应该说:“满招损、谦受益”“自负对任何艺术是一种毁灭,骄傲是可怕的不幸”。因此,深处投资市场的你无论是否是行业内的佼佼者,你都绝不能骄傲自负,因为骄傲只会让你止步不前,只会让你在致富路上受阻。

因为家境贫困,再加上爸爸酗酒,所以小林的内心非常自卑。早在初中时代,记得有一次,小林作为班长带领班级的几个骨干出黑板报,因此耽误了晚上回家吃饭,为此,爸爸去送饭给小林吃。那天,小林的弟弟正好生病了,所以,爸爸去得比较晚,都快上晚自习了才去。妈妈做了肉丝,用大饼包着让爸爸送给小林。不过,让小林惊讶的是,爸爸居然还带了一罐八宝粥。要知道,小林和弟弟平时可是很少吃八宝粥的,所以,小林坚持没有吃八宝粥,让爸爸带回去给弟弟吃。虽然爸爸给小林送饭,小林心里觉得暖暖的,但是,小林也还是很生气。小林很了解爸爸,只看了爸爸一眼,她就知道爸爸又喝多了,眯缝着眼睛，话也特别多。爸爸因为酗酒，所以总是和妈妈吵架，这给小林的心里带来了很大的阴影。看到爸爸醉醺醺的样子，小林根本不想搭理他，没好气地和爸爸说话。后来，同学问小林，为什么爸爸对她这么好，还给她送饭，但是她却好像在生爸爸的气呢。小林无言以对，因为她不能告诉同学爸爸酗酒，给家庭带来了很大的伤害。就这样，小林变得越来越敏感和自卑，她总是问自己，为什么没有一个不酗酒的好爸爸呢？为此，她不仅无法从家庭中得到安全感，甚至觉得自己在同学们面前矮人三分，虽然她的学习成绩始终在班级中遥遥领先。几年的时间过去了，小林变得越来越沉默，她高中毕业后考进了一所师范院校。

在读大学期间，小林和几个同学辅修了催眠课程，渐渐地，她掌握了一些自我催眠暗示的方法，每当她为爸爸酗酒的事感到自惭形秽时，她就暗示自己："每个人都是独立的，爸爸有他喜欢的生活方式，我是我自己，我应该自信起来。"时间久了，经常暗示自己，小林发现自己好像也有不少的变化。她发现自己很喜欢写文章，结果老师发现了她优美的文笔，便鼓励小林参加文学社。小林担心自己不行，迟迟没有答应。直到又发表了几篇文章之后，她才鼓足勇气参加了文学社。进了文学社不到一年时间，小林就因为表现出色被大家推选为副社长。

在文学社中，小林因为才华横溢，所以很受同学和老师的推崇。加上一直在学习自我催眠的方法，渐渐地，她不再那么自卑。以前，因为爸爸酗酒，即使每次考试都是班级第一名，她也仍然觉得在人前抬不起头来。现在，因为出色的表现、优美的文笔，小林慢慢地有了自信。随着年岁的增长，她意识到每个人都有选择自己生活的权利，别人可以建议，但是却没有权利干涉。因此，她不再因为爸爸酗酒的事情而自惭形秽了。随着自信心的增强，小林意识到自己在文学方面颇有才华，而且，她不仅非常喜欢写作，也很喜欢阅读。在老师的引导下，她变得越来越乐观开朗，不仅把文学社搞得有声有色，而且发表了越来越多的文章。大学毕业后，小林因为具有文学方面的才华，被学校保送某著名大学的中文系读研。

这则案例中，我们看到了女孩小林从自卑逐渐走向自信的过程。在她小时候，因为父亲酗酒，小林的内心一直被自卑的阴影笼罩着，即便是全班第一名的好成绩也未能帮她排解。幸运的是，小林后来明白只有完善自我才能克服自卑，并且，她找到了自己在文学方面的特长，就这样，她渐渐地有了自信，对人生也充满了希望。

其实，投资过程中何尝不是如此呢？我们在不断自我完善的过程中，收获的不但是对投资行业的运筹帷幄，更是满满的财富。

的确，人都是有自满情绪的，尤其是当自己取得了一定的成绩后，心态便会变得不一样。然而，此时，人会沉浸于那种享受中，不会再努力地学习和工作，也就停止了进步。而投资中，一旦停止进步，等待你的大概只有亏损了。

事实上，一个人的智慧总是有限的，在投资中，我们若想完善自己，还可以借助他人的力量，比如，了解下他人是怎样整理分析的，是怎样交易的等，然后我们可以做一些真实的或者模拟的实验，然后完善自己的投资模型。

不要只为了赚钱而投资

怎么才能发财？可能很多人都有这样一个疑问。对于这个问题，有不少人给出这样的回答：“炒股”“炒房”“基金”等。生活中的不少人像着了魔似的，不再关注国家新闻、社会时事，他们开始关注报纸上的金融栏目，开始打听各种小道消息……不得不承认，无论投资市场如何，总有一些人从中捞到财富。但奇怪的是，不知为什么，富人总是越来越富，而薪资微薄的芸芸众生却并未因为投资而富裕起来。即便人们已经逐渐感知到投资危险需慎行的道理，但人们对投资的热情却一点也没褪去。这是为什么呢？因为贪婪之心驱使着人们投资。

的确，生活中，当我们问及他人为什么要投资时，大概大部分的答案都是：

赚钱。诚然，这是我们的出发点，然而，这绝不应该只是我们的目的。事实上，金钱只是我们获得快乐和幸福的工具而已。其实，和工作一样，我们也应该是因为热爱投资这一博弈而投资，带着快乐的心态投资，它不但让我们获得了一定的财富，还让我们从中获得了快乐。而后者对于我们来说应该是最具深远意义。

的确，人生在世，我们都有各种各样的需求，对此，社会心理学家马斯洛提出需求层次理论并将人的需求分为五种，像阶梯一样从低到高，按层次逐级递升，分别为：生理上的需求，安全上的需求，情感和归属的需求，尊重的需求，认知、审美、自我实现的需求。从这里，我们可以看出，人的心理需求应该是更高层次上的需求。

可能在很多人看来，有衣食无忧的生活、有用之不尽的金钱就是幸福，然而，如果我们失去了实现自我价值的方式，那么，我们则会觉得如活在地狱一般。社会中的每一个人，自打出生的那一刻起，就希望获得自我价值的认定，就希望获得一种力量，因此，我们每个人都应该行动起来，从而拥有持久的热情和动力去寻找梦想。

对此，我们不妨先来看下面一个寓言故事：

很久以前，在西方，有一个人在死后来到一个美妙的地方，这里能享受到一切他曾经没有享受过的东西，包括妙龄美女和美味佳肴，还有数不尽的佣人伺候他，他觉得这里就是天堂，可是在过了几天这样的生活后，他厌倦了，于是，对旁边的侍者说："我对这一切感到很厌烦，我需要做一些事情。你可以给我找一份工作做吗？

他没想到，他所得到的回答却是摇头："很抱歉，我的先生，这是我们这里唯一不能为您做的。这里没有工作可以给您。"

这个人非常沮丧，愤怒地挥动着手说："这真是太糟糕了！那我干脆就留在地狱好了！"

"您以为，您在什么地方呢？"那位侍者温和地说。

这则寓言故事，是要告诉我们：一个人，失去工作就等于失去快乐。事实上，工作不仅为我们提供了生存的机会，还让我们找到了在社会中的价值。我们的投资其实也是如此。然而，生活中，并不是所有人都能认识到这一点，我们经常看到，一些人抱着投机的心态进入投资市场、指望一夜暴富或者带着侥幸的心理来投资，所以，投资结果随时牵动他们的情绪，而假如他们能在投资中倾注自己的心血和热情，就能获得快乐，获得回报。

日常生活中，一些投资者缺乏积极性，某种程度上是因为他们对自己没有信心，而其实，信心是自己给自己的，如果你努力一点，你就能看到自己的投资成绩，你就能成为投资行业内的专家，当你拥有成就感和自豪感后，你也就有了热情。一个人，一旦有了热情，就能释放出潜在的巨大能量，就可以把枯燥乏味的工作变得生动有趣，就可以感染周围的亲友，就能拥有良好的人际关系，就能赢得珍贵的成长和发展的机会。

总之，生活中的人们，无论你现在投资的是什么行业、什么领域，都不要忘记热爱你的投资，这样，从投资中，你得到的就不只是金钱了，最重要的是你的价值得到了认可，你获得了快乐。

别给自己设限

曾经有这样一个故事：埃及人想知道金字塔的高度，但由于金字塔又高又陡，测量因难，为此他们向古希腊著名哲学家泰勒斯求救，泰勒斯愉快地答应了。只见他让助手垂直立下一根标杆，不断地测量标杆影子的长度。开始时，影子很长很长，随着太阳渐渐升高，影子的长度越缩越短，终于与标杆的长度相等了。泰勒斯急忙让助手测出金字塔影子的长度，然后告诉在场的人，这就是金子塔的高度。

那么，生活着的人们，你们的人生的高度该怎样来测算呢？实际上，无论现在你处于什么样的境况，只要你不甘于现状，并积极为未来思考，寻找出路，就没有什么达不到的目标。你要相信自己，你有资格获得成功与幸福！

在投资行业，我们也绝不可给自己设限，要知道，投资有风险，市场更是瞬息万变，没有一成不变的投资和交易规则，所以，也没有一种规则可以永远适用于投资行业。

的确，生活中，不少人也希望获得财富，也想在投资领域中一展拳脚，而真要让他去投资的时候，他就认为自己做不到，而这种“做不到”，一旦驻扎在心头，就无时无刻不在侵蚀着我们的意志。其实，这些“做不到”大多是人们的一种想象，只要你能拿出勇气主动出击，那些“做不到”就会变成“做得到”。

美国历史上第一位荣获普利策新闻奖的黑人记者伊尔·布拉格，在回忆自己童年经历时说：“我们家很穷，父母都靠卖苦力为生。我一直认为，像我们这样地位卑微的黑人是不可能有什么出息的，也许一生只会像父亲所工作的船只一样，漂泊不定。”

布拉格9岁那年，父亲带他去参观梵高的故居。在那张著名的吱嘎作响的小木床和那双龟裂的皮鞋面前，布拉格好奇地问父亲：“梵高不是世界上最著名的大画家吗？他难道不是百万富翁？”父亲回答他说：“梵高的确是世界著名的画家，同时，他也是一个和我们一样的穷人，而且是一个连妻子都娶不上的穷人。”

又过了一年，父亲带着布拉格去了丹麦，在童话大师安徒生墙壁斑驳的故居，布拉格又困惑地问父亲：“安徒生不是生活在皇宫里吗？可是，这里的房子却这样破旧。”父亲答道：“安徒生是个砖匠的儿子，他生前就住在这栋残破的阁楼里。皇宫只在他的童话里才会出现。”

从此，布拉格的人生观完全改变。他不再自卑，不再以为只有那些有钱有地位的人才会出人头地。他说：“我庆幸有位好父亲，他让我认识了梵高和安徒生，而这两位伟大的艺术家又告诉我，人能否成功与贫富毫无关系。”

从现在开始，生活中的人们，请你不要为错失良机而叹息，不要因为一时的失败而惶恐，更不要失去了追求更高目标的信念和勇气，你应该有“天生我才必有用”的信心和豪情，充满自信地走向生活！

在投资中，我们看到，失败平庸者多，除是心态问题外，还有思维能力，他们在遇到问题时，总是挑选容易的倒退之路。“我不行了，我还是退缩吧。”结果陷入失败的深渊。而成功的投资者似乎总是能心平气和，并告诉自己：“我要！我能！”“一定有办法。”因此，我们的思维也需要做到与时俱进。有时候，可能你觉得你已经进入了死胡同，但事实上，这只是你没有找到出路而已，而改变事物的现状就是运用思维的力量，思路一变方法来，想不到就没办法，想到了又非常简单，人的思维就是这样奇妙。

心理学家告诉我们，很多时候，人们不是被打败了，而是他们放弃了心中的信念和希望，对于有志气的人来说，不论面对怎样的困境、多大的打击，他都不会放弃最后的努力。因为成功与不成功之间的距离，并不是一道巨大的鸿沟，它们之间的差别只在于是否能够坚持下去。

因此，我们每个人都应该明白突破自我的重要性，在投资中，更要时刻关注自己，关注市场，时刻寻求新的突破，并敢于释放自己、改变自己。

学以致用，不断进步

不少投资者大概都感叹于那些投资高手的成功，似乎他们一出手就能赚个金银满钵，而其实，我们没有看到他们背后的努力。他们除了要随时关注投资市场外，还要不断学习最新的投资知识，这样做是为了不断进步。的确，“物竞天择，适者生存”。这是自然界生物进化的基本规律，投资市场更是如此，如果你能努力学习并适应这种变局，你就是投资中的强者，反之，你就会面临巨大的危险。如果不能适应变化、竞争，无论你看起来多么强大，都会有被淘汰的危险。其实谁都明白这个道理，谁都想从残酷的竞争中脱颖而出，成为强者。但真正做起来却是很难，这需要你及时调整思维，头脑灵活，积极适应不断变化的外界环境。

有一位身材矮小、相貌平平的青年叫卡纳奇，有一天早晨，卡纳奇到达办公室的时候，发现一辆被毁的列车阻塞了铁路线，使得该区段的运输陷于混乱与瘫痪。而最糟的是，他的上司、该段段长司哥特又不在现场。

当时卡纳奇还是一个送信的仆役，面对这样分外的事情该怎么办呢？守职的办法是，或者立即想办法去通知司哥特，让他来处理；或者是坐在办公室里干自己分内的事。这是既能保全自己职业，又不至于冒风险的做法。因为调动车辆的命令只有司哥特段长才能下达，他人做了，都有可能受处分或被革职。但此时货车已全部停滞、载客的特快列车也因此延误了正点开出的时间，乘客们十分焦急。

经过认真、反复思考后，卡纳奇将自己的职业与名声弃于一边，他破坏了铁路最严格的规则中的一条，果断地处理了调车领导的电报，并在电文下面签上司哥特的名字。当段长司哥特来到现场时，所有客货车辆均已疏通，所有的事情都有条不紊地进行着。他起先是一惊，但最终他一句话也没有说。

事后，卡纳奇从旁人口中得知司哥特对于这一意外事件的处理感到非常满意，他由衷地感谢自己在关键时刻的果敢、正确行为。

这件事对卡纳奇来说是一个人生的转折点。此后，他便被提升为段长。

可见，一个能灵活处世、善于变通的人，勇于向一切规则挑战，敢于突破常规，因而他也往往可以赢得他人所无法得到的胜利。

对于“与时俱进”这一词，相信我们每个人都耳熟能详了。这个成语的含义是，无论做什么都要懂得变通，毕竟我们所生活的时代每天都在发生改变，守旧的思维模式只能让我们被时代抛弃。

在投资中不也是如此吗？我们不可能总是处在昨天甚至是更久之前的行情中，我们要知道，某些重复着的只是大规律，而细节上的是永远都在变化的。如果在投资中完全信奉经验主义，那么，再多的资金也会被市场吞没。

事实上，自古以来，人类的进步就是因为能做到与时俱进，能做到思维的创新，可以说，人类如果固步自封，就只会停滞不前。同样，作为个人，能不能做到思维上的与时俱进，直接关系到一个人的事业成败，因为只有创新才能激活自己全身的能量。

在投资市场，确实需要我们的胆魄、勇气、意志力，需要思想和智慧。没有头脑的人，是不可能在投资中赚到钱的，而且一旦遇到阻碍，就会陷入“不可能”的思维模式中。但除此之外，我们需要懂得变通，更要知道努力学习和更新头脑知识的重要性。在漫长的人生旅途中，每一个人不能不面对变化，不能不面对选择。学会变通，不仅是做人之诀窍，也是做事之诀窍。

为此，在投资中，我们要记住一下几点：

1. 打破现有的安逸假象，参与投资

一个人不愿改变自己，往往是舍不得放弃目前的安逸状况。而当你发觉不改变是不行的时候，你已经失去了很多宝贵的机会。因此，即使你现在每天衣来伸手饭来张口，你也必须要明白，未来社会，你必须要一个人生存、参与社会竞争。“你不理财，财不理你。”为此，你最好早点学会理财和投资。

2. 关注前言的市场信息，更新观念

投资中，我们除了学习基本的投资知识外，还要关注时事新闻，关注周围的变化，这样，你才能逐步更新自己的观念和强化自己的变革意识。

3. 面对变化要有魄力

勇气的作用就是调动起自己全部的能力去迎接变化和挑战。一个人想学会变通，首先必须鼓起勇气。勇气是人的一种非凡力量。它虽然不能具体地去处理某一个问题，克服某一种困难，但这种精神和心态却能唤醒你心中的潜能，帮助你应对一切变化和困难。

实践证明，不管你是觉察到还是没有觉察到，不管你是愿意还是不愿意，每个人时时刻刻都在寻求变通，所不同的是，善于变通的人越变越好，而不善于变通的人却是越变越差。而投资中，我们也只有努力学习、掌握变通之道，才能应对投资市场的各种变化，进而更新自己的投资方法和交易规则，在变化中取得成功。

完善自己的交易规则

我们常在生活中听到这样的话："工欲善其事，必先利其器。""凡事预则立，不豫则废。"这两句话的含义是告诫我们在做事前要做好准备工作。而在投资中，我们知道，任何一场投资活动的进行，都伴随着一定的交易，而投资交易中，交易规则的设置和完善远比交易本身重要，甚至比一时的盈亏还重要。所以，为了具体的交易的成功，也为了实现稳定的盈利，我们一定要完善交易规则。

其实，对于我们任何人来说，无论做什么，充足的准备的必要性都已经毋庸置疑，准备是做好任何一件事的前提。

20 世纪 80 年代，在美国有一家实力公司——维斯卡亚公司，吸引了很多前来应聘的大学毕业生。

这群求职者里有个叫史蒂芬的人，他是哈佛大学机械制造业的高材生。和很多其他人一样，他也不幸被拒绝了，但他并未死心，而是采取了迂回的措施——他决定先"混"进去这家公司再说。他先找到公司人事部负责人，提出可以无偿为这家公司提供劳动力，只要能让他在这家公司，哪怕不计报酬，并能完成公司安排给他的任何工作。

无偿工作？负责人当然同意了。为此，斯蒂芬还得养活自己，于是，在一年的时间，他白天在这家公司勤勤恳恳地工作，晚上还得去酒吧打工。令斯蒂芬失望的是，虽然他得到了所有同事和负责人的认同和好感，但公司却并没有提及正式录用他的事。不过机会很快来了。那是 20 世纪 90 年代初，这家公司的许多订单纷纷被退回，理由均是产品质量问题，为此公司蒙受了巨大的损失。此时，斯蒂芬果断地站了出来，发表了自己的看法。

在公司会议上，史蒂芬慷慨陈词，对公司出现这一问题的原因作了令人信服的解释，并且就工程技术上的问题提出了自己的看法，随后拿出了自己对产品的改造设计图。这个设计非常先进，恰到好处地保留了原来机械的优点，同时克服了已出现的弊病。总经理及董事会的董事见到这个编外清洁工如此精明在行，便询问了他的背景以及现状，而后，史蒂芬被聘为公司负责生产技术问题的副总经理。

斯蒂芬为什么能一举成功，让公司高层领导对其能力加以肯定并由一名小小的清洁工成功晋升为技术问题副总经理？原因很简单，他懂得厚积薄发，伺机而动，因为他做了充分的准备工作，在该公司最需要自己的时候及时出现，以自己过硬的专业知识帮其解决了这项技术问题。我们设想一下，假如他空有为公司担当的勇气而没有一个完备的表现自己的计划，没有过硬的实力，那恐怕这种表现只会适得其反。

的确，投资市场也是如此，要想获得投资的成功，就要提前做好充分的准备，就要完善交易规则。按照计划投资，就避免了忙中出错的可能，也能事半功倍。布莱德雷将军曾说："第二次世界大战期间，我们抵达莱茵河的时候，我并不见得知道怎么建造桥梁，但是我知道相关的事情有哪些，我让筑桥的工兵能有足够的时间和补给，这一点是非常有帮助的。"任何一件事，你的准备工作做得越充分，成事的可能性就越大，效率也会越高。

在完善交易规则这一点上，我们要做到：

1. 做好积累

投资里的积累莫过于掌握投资交易类的知识和进行投资模型的训练，这是进行投资的前提。

2. 不断调整你的交易规则

当然，我们做的任何交易规则，都要在市场中接受检验，并且要逐步调整、修正。只有这样，才能使交易规则适应市场，从而帮助我们赚到利润。

总之，投资市场机遇无处不有，无处不在，关键是看你能否把握住它。而致富的机会也只会留给那些有准备的人，正因为如此，我们有必要适应市场变化，不断完善自己的交易规则。

不断调整好你的交易心态

我们都知道，投资市场，最重要的就是要有个好心态。人们都希望能在投资中赚到钱，所以当自己如愿时，自然高兴，而当市场进行调整后，当他们亏了钱或者要把赚到的钱再吐出来时，大家都会显得不知所措，要么后悔，要么是牢骚满腹，出现了不理智的心态。其实，我们没有意识到的是，在投资市场，表面的亏损并不代表市场行情不好，而如果我们能调整好交易心态，淡定处之，稍作等待，或许就能等到新的转机。所以，我们可以说，心态的理智程度决定了你能在投资市场中活多久。

细心的你可以发现，那些投资成功者都是成熟的，他们见惯了投资市场的大起大落，反而能够泰然面对投资市场的风风雨雨，无论账面涨了或者是跌了，他们都不会把忧伤挂在脸上，更不会得意忘形。他们给我们的直接感受是平静、乐观、有耐心，这是他们的良好心态。他们生活充实，幸福指数高，没有因为投资上的涨跌而影响生活。

那么，为什么要调整心态呢？因为坏情绪对人的财富有巨大破坏作用。人类有九大基本情绪：兴趣、愉快、惊奇、悲伤、厌恶、愤怒、恐惧、轻蔑、羞愧。兴趣和愉快是正面的，惊奇是中性的，其余六个都是负面的。由此可见，人类的负面情绪占绝对多数，股市最容易让人进入不良情绪的状态中。而且心情具有两极性：好心情使你产生向上的力量，而当你心情不好的时候，你会做什么错什么。

然而，我们看到的大部分投资者尤其是那些投资新手，面对投资不利情境，是没有任何心理准备的，缺少的是那些投资老手的历练及良好的心态，滋生懊悔、埋怨情绪。甚至有些人面对巨额的亏损，出现了“痛不欲生，实在受不了”的情况，而这再次证明了心态的调整在投资市场的重要性。

具体来说，我们可以这样调节心态：

（1）如果亏损的情况还有挽救，可逢高了结，学会让自己暂时休息一下，让自己的思维沉淀下来，慢慢降低对赚钱的欲望。以股市为例，你可以把市值归零，等待下一个起点，你只有对赚钱的欲望降低了，才不会因随意抢盘中反弹而重新被套。

（2）如果亏损很多，几近于零的时候，你也没必要着急“割肉”了，不妨再等等，或许有回调的机会。心情烦躁时，放一曲舒缓的轻音乐，闭眼回味一下去年涨上 5100 点多赚钱的过程，也是一种积极思考。

（3）多问自己为什么，对于别人大赚的情况，也没必要嫉妒和羡慕。很多人都是由于羡慕别人，而始终把自己当成旁观者，越是这样，自己的心态越会掉进低谷，这比股票下跌更可怕。你要相信，只要你去做，你也可以的。要为自己的每一次进步而开心。

（4）学会调整情绪，尽量往好处想，很多投资者遇到亏损就成了热锅上的蚂蚁，慌乱中不计成本出逃，本来可以稳一稳，正是因为把握不好情绪，结果亏损更多。所以，遇到调整，冷静点，然后想好调整后会怎样，是创新低，还是会重拾升势，你越往好处想，心就越开，越往坏处想，心就越窄！

（5）不要同趋势作对。管住自己的手，在下降趋势没有扭转时不要轻易去抢反弹。我们还是以股票为例，当政策面或基本面、资金面在短期内没有大的改观，经济下滑没有打住之时，投资者不宜抢反弹。需要耐心等待做空动能基本释放完毕后，再考虑下一步的操作方向。参与反弹行情之前，要估算风险收益比率，当个股反弹行情的风险远远大于收益时，不能轻易抢反弹，只有在预期收益远大于风险的前提下，才适合抢反弹。此外还要关注大盘，只有在大盘趋势向上了，上涨空间远远大于下跌空间时，才是适合抢反弹的良机。否则，一买就套，会坏了心态，到真正该抢反弹时又不敢下手了。

当然，投资中，为了降低风险、增强盈利的可能性，我们还需做一些切合自己情况的事：降低预期，包括对自己能力的估计；结合自身实际情况，找到适合自己的投资之道。

总之，在投资中，有盈利就会有亏损，亏损时不要懊悔，更不要去埋怨。盈利时更不要得意忘形、固步自封，秉持这样的心态投资，相信我们也能成为一个成熟的投资者。

第10章 你需要克服的影响投资的不良心态

身处投资市场，我们的情绪和心态太容易被投资成绩的好坏所影响了，而反过来，我们的心态也会对投资成绩产生影响。所以，投资专家建议，在投资中，无论是盈利还是失利，我们都要注意提高自己的心理素质，不因暴涨而冲动，不因暴跌而恐慌，而重要的是，首先我们要克服一些不良的投资心态。只有这样，我们才能以平和的心态参与投资交易，始终在风云变幻的投资市场中保持理性行为，进而让自己修炼成一位投资高手。

偏激的投资方式不可取

日常生活中，我们经常听到“中庸”一词，这里所谓的“中”是指我们认识事物看待问题要不偏不倚，所谓“庸”是指我们要能够包容，要能够有海涵，要能够容忍别人。所谓“中庸”就是指我们要不偏不倚不偏激，全面地而不是片面地，公平地而不是偏心地，公正地而不是先入为主地去对待人和事情，同时与人交往时要能够包容别人的缺点，容忍别人的不足，要有海涵别人的心。

通俗点讲，中庸的做人艺术，首先就要求人们做到摒弃极端主义。这点同样可以被应用到投资中。投资中最忌偏激，的确，投资能为我们带来财富。所以，投资是能为我们带来幸福和快乐的，但也同时能为我们带来不幸和痛苦，尤其是当我们投资失利时，我们的情绪和心态更是会受到影响。为此，我们在投资之前，一定要心平气和，要做好准备，尽量为自己减少风险，而拼命投资或者挣钱，即便投资失利仍不知回头，只会亏损更多，甚至影响我们的生活和健康，简直得不偿失。

我们不妨先来看看下面的小故事。

孔子到东方游历，途中看见两个小孩在争论，就问他们在辩论什么。

一个小孩说：“我认为太阳刚出来时距离人近，而正午时距离人远。”另一个小孩却认为太阳刚出来时离人远，而正午时离人近。

前一个小孩说：“太阳刚出来时大得像车上的篷盖，等到正午时就像盘子碗口那样小，这不正是远的显得小而近的显得大吗？”

另一个小孩说：“太阳刚出来时清清凉凉，等到正午时就热得像把手伸进热水里一样，这不正是近的就觉得热，远的就觉得凉吗？”

孔子听了，不能判断谁是谁非。两个小孩嘲笑说：“谁说你多智慧呢？”

博学而多才的孔子在面对两小孩辩论的问题上都不能得出结论，而两小孩在此问题上也是仅凭自己的一些主观感受而得出的结论，显而易见，此结论也并非正确。

另外，从我们自身角度来看，任何事情都有一个变化发展的过程，此刻你不如意并不代表你一生不幸，此时你满面春风并不代表你一生顺利。虽然我们不能掌握变化无常的事态，但我们可以掌控自己的心态。投资中也是如此，也许我们能力不足、所积累知识不到位，正因为如此而导致投资失败，但我们可以调整自己的心态，以此来保全自己。

大麦当娜是流行乐坛几十年的大姐，可谓久经沙场，但却在她 47 岁生日那天乐极生悲。

在她生日那天，她的老公盖伊·瑞奇送给她一匹马以作为生日礼物。她高兴极了。于是她立即跃身上马，准备在老公和孩子们面前一展她的骑士风采。而实际上，麦当娜对当天所骑的那匹马的性情一点也不熟悉，骑术本来还可以的麦当娜根本无法驾驭这烈性的马儿，最终从马上摔了下来，造成锁骨和三根肋骨骨折，以及一只手受伤的严重后果，不得不送进医院进行治疗。

麦当娜从马上摔下受伤，就是她乐极生悲的结果，古人言：“乐不可及，乐极生悲；欲不可纵，纵欲成灾。”这是妇孺皆知的道理，麦当娜也明白这个道理，但她却在生日当天头脑发热，化喜为悲。

现实生活中，大概不少人穷其一生都在追求金钱，他们投资的目的或许也在于此，但这正是我们要调整的，我们一定要树立正确的投资观念，明白金钱并不是人生的真正内涵。

另外，我们也要将中庸之道运用到投资中，只要摒弃极端主义，我们就不会偏激愤青，我们就能在变化多端的投资市场中始终保持一份淡然的心态，就能以更清晰的眼光和头脑观察投资现状，以此得出的结论也就更加精准。

你应先需要端正投资的态度

前面，我们分析过，心态对于投资来说是很重要的，投资理财是一个长期行为，所以，我们的投资目标要建立在稳定、长期的状况下，急功近利的结果往往是适得其反。而正确的投资态度是建立在正确的金钱观的基础上的。

石油大王大王洛克菲勒曾说：“正确的态度将我们引向致富之路，错误的态度却可能导致人财两空。”这句话是要告诫生活中的人们尤其是那些投资者，一定要树立正确的财富观。我们如何处理金钱，很多时候体现了我们的人生态度。

我们发现，在物质生活水平急速提高的社会，一些人形成了一种“唯钱是亲”的不健全人格。要知道，物质生活的奢华容易使人产生一种贪得无厌心，而对物质的追求往往又难以获得自我满足，这就是为何贪婪者大多并不快乐的根本原因。另外，再富裕的人也会千金散尽，最终导致人财两空。

在教育子女这一问题上，洛克菲勒一直秉持让孩子们勤俭持家、适度消费的原则。

一次，洛克菲勒拿到了西恩的交际账单，洛克菲勒看后皱起了眉头，西恩最近在消费上实在有点过火了。于是，他来到办公室，开门见山地跟西恩谈起了这个话题。

“你不觉得你最近的交际费用有点太多了吗？我记得，我们的客户中没有什么皇宫贵族吧，可是怎么会花出去这么多钱，我猜想，大概是你以款待皇宫贵族的方式来款待一般客人吧。我并不是在乎钱，我想知道的是，你是不是也已经跟他们一样有了皇族一般的消费习惯。”

“可是，爸爸，这样做完全是为了吸引客户啊！您想想看，贵宾在参观过我们的厂房后，难道我们只用一般的食堂套餐来招待他们吗？”

“西恩，我不否认应该展示公司的财力，但铺张浪费并不可取，客户们在乎的是我们能不能给他们带来利润，而不是浪费财富，他们是拒绝与这种铺张浪费的傻瓜打交道。客户也精明得很，那些一掷千金、花钱如流水的人，大多数顾客会对其敬而远之，因为他们会考虑对方所花的钱是否是通过跟他们的交易而得到的利益，并由此而产生动摇。”

停了一会儿，洛克菲勒的语气缓和了一些：“我们的金钱有两种用途，一种是投资事业，期待着高收益；另一种是通过使用来得到快乐与幸福。”

“在花钱这一问题上，如果我们和周围的人比较，那么，我们的花销会越来越大，存款越来越少，能用在投资上的钱也越来越少，因此，我们必须控制住自己花钱的欲望，应该想到若可维持一定程度的生活水准便足矣，在此之上的宽裕不妨视之为自己努力的额外报酬，或正餐后的甜点吧。”

西恩若有所思地说：“爸爸，或许真的是我错了，我会重新安排的。”

“西恩，我并不是强调你要去过暗中清苦的、苦行僧似的生活，那也是不现实的，但我们必须要树立正确的金钱观，钱财是有极大的用处的，积累财富的过程也不容易，而败家却很迅速。当然，如果你害怕控制不住自己花钱的坏习惯，你可以将这些钱帮助那些需要帮助的人，这些人实在太多了。”

这里，洛克菲勒向他的儿子以及所有年轻人传达了一个财富观——用之有度。洛克菲勒是这样解释的：“你一生中拥有的任何东西都不属于你个人，而是暂时交托到你手中的。”这种观念带来责任感——你必须小心处理所拥有的一切，并正确地运用财富造福众人。

总之，生活中的人们，如果你心中有个财富梦，那么，在追求财富的同时，你还要树立正确的金钱观，更要端正自己的投资态度，我们特别需要注意两点：既不能把投资想得太神秘、深奥；也不能把投资想象得太简单、太容易。

当然，我们首先还要树立投资能够为我们带来财富的信念，不然，也不会有那么多人对投资市场那么狂热了。

其次，要树立风险意识。投资市场有风险是毋庸置疑的，而且不同的投资，风险不同，我们要做好风险评估，并且将风险降到最低程度。

有专家通过调查发现：“在股市，高学历的投资者不一定能挣大钱，而低学历的投资者不一定不能挣大钱，那么，这是为什么呢？主要在于是否具有良好的心态。”这一结果再次向我们证明了心态在投资中的重要性。

在没有掌握投资技能前不要轻易出手

当今社会，我们每个人都已经认识到理财的重要性。不会理财，往往使人一辈子贫困；学会理财，往往使人一生富足。俗话说：“吃不穷，穿不穷，不会算计一世穷。”而投资的方式有很多种，我们不能因为投资市场有风险而就采取躲避的态度。

然而，要想成为一名投资高手，你必须要不断学习和不断总结，只有这样，才能不断提高。所以，你在没有掌握一定熟练的投资技能前，最好不要轻易出手，你的资金还是放到银行储蓄最为安全。

古人云：“为智者相时而动，驾驭时势。”这句话的意思是，一个懂得把握时机行事的人才是智者。的确，物竞天择，适者生存，生活中，那些成大事、有所成就的人都有一个特点，那就是他们懂得把握时机，在关键时刻出手，因为抓住机遇而成功。然而，他们成功的另一个重要的原因是，他们能做到努力学习、不断克服自身缺点与不足。准备充分，才有更强的适应力。试想，一个腹中空空的人怎么可能有一双慧眼呢？投资市场里，技术不是万能的，没有技术是万万不能的。因此，对于投资者来说，如果现在的你还是投资新手，那么，对于现下的你来说，最重要的任务依然是学习投资技能。

美军装甲部队的创建者之一、西点军校 1909 届毕业生乔治·巴顿在美军有一个外号叫做“赤胆铁心”，这个外号最能反映巴顿尚武的个性。巴顿是美军中要求部下军纪最严、训练最苦的将军他想把他的部队锻造成为美军最有战斗力的部队。

1897 年，巴顿出任第二装甲师代理师长，并晋升为陆军准将。巴顿决心把这群“乌合之众”训练成超一流的真正战斗部队。为了达到这个目的，巴顿对部队施以严格的纪律和高强度的训练。他对每一项工作都制订了很高的标准，坚决要求每个单位和个人都要达标。为此，他经常耐心地向将士们解释平时训练与打胜仗的关系，他经常说的一句话是："一品脱美国人的汗水可以挽救美国人的一加仑鲜血。"

"书到用时方恨少"，平常若不充实学问，临时抱佛脚是来不及的。也有人抱怨没有机会，然而当机会来临时，却叹自己平时没有积蓄足够的学识与能力，以致不能胜任，也只能后悔莫及。

有人说，胆量和心态是投资市场成功不可缺少的因素，有了这两种品行，就能笑对投资市场，勇敢面对投资中的风风雨雨在致富这条道路上找到自己的方向。

为此，我们需要做到：

1. 以良好的精神状态面对每一次交易

投资中，你要始终确立和保持不甘落后、积极向上、奋发有为的精神状态，而如若你只是把投资当成无聊时的游戏的话，那么，你就很难有投资积极性，也就很难在投资中赚到钱。

2. 不要只把注意力放在金钱上

钱是赚不够的，因此，我们不要把眼光只放在投资的回报上，而是应该多关注自己在投资中获得的快乐。

3. 努力学习投资知识和技能

学习投资技能不一定要脱离现在的工作，更没必要脱产求助于专业人士，因为年龄、经济等条件不允许，我们很少有人能做专业的投资者，为此，我们可以随用随学，做有心人，留心可以学习的任何知识。

4. 投资中要有追求完美的理念

"没有最好，只有更好"，十全十美的事做不到，也不存在，但你首先应该有一个追求完美的心态，投资中更是如此。"取法其上，得其中也；取法其中，得其下也；取法其下，不足道也。"只有与时俱进，以高标准的要求和精益求精的态度，聚精会神抠细节，才能创造卓越的投资成绩。

5. 关注时事，与时俱进

一个人只有保持思想上的先进性，才能及时察觉到周遭事物的变化，这一点，你需要养成习惯，每天不要再只看各种球赛和电视连续剧，而要多看时事，了解最新的时事动态。

当然，除了以上几点外，你最需要做的是开动你的脑筋，养成勤于思考的习惯，只有这样，你才能最终获得敏锐的洞察力，最终学会在投资市场相时而动。

得意不能忘形，低谷更要忍耐

人生在世，短短数十载，岁月无痕，晃眼如烟。正因为人生的短暂，所以我们不能就此放弃，不能因为它的短暂而不思进取。不满足现状，时刻保持进取心和斗志，最终的结果一定是现状持续在改善。而满足于现状，容易使人懈怠、不思进取，最后连现状也维持不了。

鲁迅先生说过："不满是向上的车轮，能载着不自满的人类向人道前进。"新闻集团总裁鲁伯特·默多克的第三任妻子、MySpace的中国负责人——邓文迪，她也曾经说："我是一个积极上进的人，无论做什么都会尽心尽力。人生充满了跌宕起伏，不管是顺境还是逆境，我都会找到美好的东西，使生活尽可能地完美。"的确，满足是成功的绊脚石，我们要不断地归零，不断地进取。在投资行业，一些人因为运气好或者投资技巧好，赚到了一些钱，但即便如此，我们也不能得意忘形，必须戒骄戒躁，这才是前进的动力。而如果现在的你处于低谷中，则更要忍耐，很多情况下，只要我们稍作等待，就能看到转机。

小李在北京一家广告公司工作，有次，他去上海找一位大学同学。这位大学同学刚毕业时和小李境遇差不多，但在上海的这些年，他已经找到一份很好的工作，月薪上万，并娶了一个很好的太太，生活得很好，这让小李很是羡慕。

小李到了上海后，同学带他来到一家五星级酒店用餐。确实，他不缺钱，但小李认为，也没必要如此铺张。所以，小李对他说："都是老同学了，随便找个地方吃点算了。"

他看出了小李的意思，便说道："我不是打肿脸充胖子，到这个地方对你对我都有好处。"

小李不解地问："什么好处？"

他说："可能我的想法不对，但我认为，这是一种督促自己的方法：只有到这种地方来，才知道自己的财富还不足，你才会努力改变自己的现状。如果你总去小吃店就永远也不会有这种想法，我相信只要努力，总有一天我会成为这里的常客。"

接着，他说："我们公司老板一直看不起生平无大志的人，他曾对一职员说：'你满意现在的职位吗？你满足现在的微薄的薪水吗？'当那位职员踌躇满志，答复已觉得满意时候，他马上把他开除了，并很失望地说：'我不希望我的手下以现在所拥有的为满足，而终止他的前途发展。'"

听了他的话，小李深有感触，他的话不一定对，但他那种不满足于现状的生活态度是值得学习的。

从这个实例中，我们也应该有所感悟，永远不要满足现状，只要不断进取才会让自己做到更好。平凡的人之所以一无成就，就是因为他太容易满足而不求进取，一旦得到舒适安逸的位置，便混吃等死。这样，他一生只会盲目地工作，挣取勉强温饱的薪金，最终也只能碌碌无为。至于追求成功的人，他会尽力寻求不满足的地方，以发现自己的缺点。

曾有人说过："一个人如果自以为已经有了许多成就而止步不前，那么他的失败就在眼前了。许多人一开始奋斗得十分起劲，但前途稍露光明后，便自鸣得意起来，于是失败很可能立刻接踵而来。"所以，切莫得意忘形，必须更加积极奋发，以使成绩永久不坠。

投资中，成绩得来不易，但更难的是在于如何持续保持好成绩并实现财富突破。继续维持现在所拥有的，对于想要维持现状的这种观念是采取"守"的态度，终究会演变成消极的态度，而失去以前所拥有的积极前进的动力，成长便会停顿。

当然，投资中，有成功就有失败，有得意就有低谷，而事实上，你现在所受到的痛苦，不是毫无意义的。如何走出低谷，更能体现我们的应变能力，所以，从低谷中，我们能获得成长。

其次，我们要相信自己能走出低谷，相信我们会有成功的那一天。虽然现在你正在处于不好的情况，但是要相信自己一定能过这个坎，而且通过这些你会变得更成熟更强壮。

这些人生低潮是上天赐给你的，让你成长、让你变强的礼物。曾经听过这样一个故事：

伟大的所罗门王曾经做过一个梦，梦中的智者告诉他一句至理名言，记住这句话，可以让人在得意时不骄傲，失意时不痛苦。但是所罗门王醒来时却忘了这句话是什么，于是他召集了王国里最有智慧的长者，并且给了他们这只戒指，告诉他们，如果想出这句梦中的话，就把它刻在这枚戒指上。几天后，戒指被送还给所罗门王，上面刻着："一切都会过去！"

是的，一切都会过去的，无论发生什么，它即将成为过去，未来将会来临。当你感到情绪低落时请以这句话自勉。

再者，如果遇到低谷，我们也应该重新审视自己，反省自己的投资方法，找到问题的症结，并调整自己的情绪，以最佳的状态迎接新的挑战。

的确，人生有高潮就有低谷，投资也是，没有任何的定数。既然如此，我们就要做到保持信心与期待，胜不骄，败不馁，得意不忘形，低谷时忍耐，以这样的心境进入投资市场，才是我们应该有的成熟姿态。

第11章 用学习代替盲干，投资不是投机

我们都知道，人是善于学习和思考的动物，处于竞争激烈、变化多端的社会中，唯一不让自己落伍的方式就是学习。在投资中，真正能赚到钱的投资高手也都是善于学习的，毕竟投资不是投机，投资也不是赌博，赌徒心理要不得。我们只有经常学习，不断学习，才能不断调整自己的投资方向、交易规则等，面对市场的风云突变才有分析能力，也才能做出最明智的选择。

市场瞬息万变，不断学习是王道

相信我们任何一个人都知道一个道理，真正的知识是没有尽头的，正如有句话说："吾生也有涯，而知也无涯。"如若你想不断适应变化速度逐渐加快的现今社会，就必须坚信学习无止境，把学习当成一项终生的事业，并把这项事业贯彻到每天的生活中，如衣食住行一般。而对于投资而言，我们所处的投资市场更是瞬息万变，我们无法用一套一成不变的规则来对市场进行归纳，更无法用一条一成不变的规则来参与交易，所以，我们更应该有不断学习的心态，只有不断学习，才能不断适应市场的变化。

拿破仑·希尔也曾说，进取心是一种极为难得的美德，它能驱使一个人在不被吩咐应该去做什么事之前，就能主动地去做应该做的事。个人进取心是一种激励我们前进的、最有趣而又最神秘的力量，它存在于每个人的生命中，就像自我保护的本能一样。正是进取心这种永不停息的自我推动力，激励着人们向自己的目标前进。这种内在的推动力从不允许人们"休息"，它总是激励我们为了更好的明天而奋斗。

有位名不见经传的年轻人，第一次参加马拉松比赛就获得了冠军，而且还打破了世界纪录。

当他冲过终点时，记者蜂拥而上，不断地追问："你怎么会取得这么好的成绩？"

年轻人气喘吁吁地回答："因为我的身后有一匹狼。"

所有的人听后都惊恐地回头张望，但并没看到他身后有什么可怕的东西。

这时他继续说："三年前，我在一座山林间训练长跑，每天凌晨教练喊我起床练习，即使我用尽全力，也总是没有进步。

"有一天清晨，在训练途中，我忽然听到身后传来狼的叫声，刚开始声音很遥远，可是没几秒钟就已经来到我的身后。当时我吓得不敢回头，只知道拼命奔跑逃命。于是，那天我的速度居然是最快的。"

年轻人顿了顿，又说："回来后教练跟我说：'原来不是你不行，而是你身后少了一匹狼！'我这才知道，原来根本没有狼，是教练伪装出来的。从那以后，只要训练时，我就想着自己身后有一匹狼正在追赶，包括今天的比赛，那匹狼仍然在追赶着我，我必须战胜它！"

其实，作为投资者而言，我们也应该和这位年轻人一样，要不断奋进。我们身后也有"狼"，而这只"狼"实际上就是不断变化的投资市场，就是那些追赶在你身后的人。一旦你停下脚步，你随时都有可能成为这只"狼"的猎物。

的确，投资中，如果毫无压力、过于安逸，那么，你注定平淡、碌碌无为，如果你能在你追我赶的投资市场继续前进，那么，你势必会攀上财富的高峰。当然，要做到这点，你必须不断充实自己，其中唯一的方法就是学习。

的确，时代正在急速发展，各种技术日新月异，已经对处于投资市场的人提出了新的学习要求。如果你没有竞争和学习的意识，不了解和掌握新技术、新规则，那么你跟不上时代的发展是必然的。

当然，学习知识并不是要求你要死读书，一味地沉溺于书本知识只会使你的大脑变得僵化。

美国历史上，有位很出名的科普作家叫阿西莫夫。他从小就很聪明，在一次智商测试中，他的得分在 160 左右，因此，被证明是天赋极高者。而阿西莫夫本人，也一直为此自鸣得意。

一次，他遇到一位老熟人，这个人是一名汽车修理工。修理工对阿西莫夫说："嗨，博士！今天我也来测测你的智商，看你能不能回答出我的思考题。"

阿西莫夫点头同意。修理工便开始说题："有一位既聋又哑的人，来到五金商店，准备买一些钉子，不能说话的他只好用做手势来表达自己的意思，他对售货员做了这样一个手势：左手两个指头立在柜台上，右手握成拳头做出敲击的样子。售货员见状，先给他拿来一把锤子，聋哑人摇摇头，指了指立着的那两根指头，于是售货员就明白了，聋哑人想买的是钉子。聋哑人买好钉子，刚走出商店，接着进来一位盲人。这位盲人想买一把剪刀，请问：盲人将会怎样做？”

顺着修理工给自己的思路，阿西莫夫顺口答道：“盲人肯定会这样。”边说着，他进行了一些示范，他伸出食指和中指，做出剪刀的形状。汽车修理工一听笑了：“哈哈，你答错了吧！盲人想买剪刀，只需要开口说‘我买剪刀’就行了，他干吗要做手势呀？”

智商160的阿西莫夫，顿时哑口无言，不得不承认自己确实是个“笨蛋”。而那位汽车修理工人却继续说：“在考你之前，我就料定你肯定要答错，因为你受的教育太多了，不可能很聪明。”

这里，修理工所说的“你受的教育太多了，不可能很聪明”，并不是因为学的知识多了人反而变笨了，而是因为人的知识和经验多，会在头脑中形成较多的思维定式。

总之，投资中，我们不可固步自封。要改变这种思维定式，需要随着投资市场形势的发展不断调整、改变自己的行动。而要做到这一点，不变的学习才是王道。

投资失利是因为知识不够

我们都知道，这个世界上没有任何事是一成不变的，生命在不断向前，我们生活的世界也是如此，为此，要做到不被淘汰，就必须要做到与时俱进，不断学习。因为只有学习才能不断充实我们的头脑。同样，每一个在投资中希望有所成就的人，都要有不断学习的理念，这是增强我们成事能力的重要方法。

而我们发现，不少投资者在投资失败后就萎靡不振，他们只会自顾自地懊恼，却忽视了一点：寻找失败的原因。当然，失败的原因有很多，但我们可以总结出一点：基础知识储备不足，容易让我们迷失双眼，只看到投资中的表象，而忽视了分析其内在，进而导致了我们的失利。相反，如果我们投资知识扎实，我们就能自信投资，并敢于挑战新的投资。

的确，物竞天择，适者生存，我们所处的投资市场也不可能是一成不变的，而如何迅速适应新环境，不仅考验到一个人的应变能力，更是考验一个人的心态问题。

一位音乐系的学生，其指导教授是个极其有名的音乐大师。授课的第一天，教授给自己的新学生一份乐谱。“试试看吧！”他说。乐谱的难度颇高，学生弹得生涩僵滞、错误百出。“还不熟悉，回去好好练习！”在下课时教授如此叮嘱。

学生练习了一个星期，没想到第二周上课时，教授又给他一份难度更高的乐谱，“试试看吧！”学生再次挣扎于更高难度的技巧挑战。

第三周，更难的乐谱又出现了。同样的情形持续着，学生每次在课堂上都被一份新的乐谱所困扰，然后把它带回去练习，接着再回到课堂上，重新面临两倍难度的乐谱，却怎么样都追不上进度，一点也没有因为上周练习而驾轻就熟的感觉，学生感到越来越不安、沮丧和气馁。教授走进练习室，学生再也忍不住了。他必须向教授提出这三个月来何以不断折磨自己的质疑。教授没开口，他抽出最早的那份乐谱，交给了学生。“弹奏吧！”他以坚定的目光望着学生。

不可思议的事情发生了，连学生自己都惊讶万分，他居然可以将这首曲子弹奏得如此美妙、如此精湛！教授又让学生试了第二堂课的乐谱，学生依然呈现出超高水准的表现……演奏结束后，学生怔怔地望着老师，说不出话来。

“如果，我任由你表现最擅长的部分，可能你还在练习最早的那份乐谱，就不会有现在这样的水平……”钢琴大师缓缓地说。

故事中的学生之所有出色的表现，就是因为他勤奋练习、不断挑战自己，生活中我们何尝不是如此呢？可能你也希望获得财富，但是真要你去理财投资的时候，又常常会失败，那么，你考虑过其中的原因吗？这是因为你的知识不足、努力不够。

当然，可能现在的你已经小有财富或者学识渊博，即便如此，你也不能停止学习的脚步。事实上，投资市场随时随刻都存在风险，风险因素也在不断变化，谁都不可能是常胜将军，但那些投资高手们都懂得随时补充自己的知识，以此来应对变化。我们先来看下面一个故事。

一天，一位教授为自己的学生授课。

即将下课时，教授对学生说："现在离下课还有几分钟，我们来做个小实验吧。"说完，他拿出一个瓶子，然后将一些拳头大小的石头放进瓶子里，直到石头已经堆到瓶口。此时，他问学生："瓶子满了吗？"

"满了。"所有的学生都回答：

他反问："真的吗？"说完，他拿来一些更小的砾石，将这些砾石都放了进去，这样，瓶内的很多空间都被砾石占满了。

"现在瓶子满了吗？""可能还没有满。"一名学生说道。

"很好！"然后，他再拿来一些细小的沙子，这些沙子也轻松地被装到瓶子里，瓶子已经被填地满满的了。

"那么，现在，满了吗？""没满！"学生们大声说。然后教授拿一壶水倒进玻璃瓶直到水面与瓶口齐平。

这是一个哲理故事，它告诉我们，人生在世，我们的内心和头脑就如同这个瓶子，很多时候，我们认为自己获得的知识、技能已经足够多了，而实际上，在瞬息万变的当今社会，真正的危险不是经验的不足，而是固步自封，跟不上时代的步伐。

当然，在投资中学习知识，我们还要有总结的习惯，无论学习的效果怎样，只有做到及时总结，才及时反省，尤其是对于投资中的错误和失败。要知道，成功出于自错误中学习经验，因为只要能从失败中学得经验，便永不会重蹈覆辙。失败不会令你一蹶不振，这就像摔断的腿一样，它总是会愈合的。大剧作家兼哲学家萧伯纳曾经写道："成功是经过许多次的大错之后得到的。"总之，对于投资中的学习，你只有与时俱进，以高标准的要求和精益求精的态度，聚精会神抠细节，才能实现突破。

学习让你更强大

我们都知道，21 世纪是充满机遇和挑战的时代，任何一个希望获得财富的人都不能固步自封，要知道，人生是没有顶峰的，即便现在的你已经坐拥财富，也不能停止前行的脚步。否则，你只能使自己在给自己限定的舞台上越来越渺小。没有舞台的演员就像被缴械的军人，被剥夺了笔的画家，成功离他会越来越远。

要想获得财富，自然离不开投资，而在投资市场，成功永远是属于那些乐于学习的人。学习让他们羽翼不断丰满，让他们不断攀登新的财富顶峰。

的确，未来的投资市场，如果你不能积极进取，你就将会被市场淘汰，成为落后者。如遍布地球的恐龙就是难以适应变化的庞然大物，最终灭迹于地球上。人也是一样，如果没有适应环境的本领，情绪将陷入迷茫，生活将会处在一种障碍重重的境地中。

我们再来看看下面的小故事。

一个青年问苏格拉底："怎样才能获得知识？"

苏格拉底将这个青年带到海里，海水淹没了年轻人，他奋力挣扎才将头探出水面。苏格拉底问："你在水里最大的愿望是什么？"

"空气，当然是呼吸新鲜空气！"

"对！学习就得使上这股子劲儿。"

成功，取决于人的能力；而能力，则取决于人的学习。归根到底，成功取决于学习。不断地学习知识，正是成功的奥秘！

英国新闻界的风云人物，伦敦《泰晤士报》的老板来斯乐辅爵士，在刚进入该报时，就不满足于九十英镑周薪的待遇。经过不懈的努力，《每日邮报》已为他所拥有，此时他又把取得《泰晤士报》做为自己的努力方向，最后他终于猎狩到他的目标。

来斯乐辅爵士一直看不起生平无大志的人，他曾对一个入职刚满三个月的助理编辑说："你满意你现在的职位吗？你满足你现在每周五十磅的周薪金吗？"当那位职员答复已觉得满意的时候，他马上把他开除，并很失望地说："你应了解，我不希望我的手下对每周五十磅的薪金就感到满足，并为此放弃自己的追求。"

不想当元帅的士兵，不仅永远当不上元帅，更无法成为一个好士兵。没有大目标的人就如井底之蛙一般没有远见，只会待在自己的一井之底。有些人之所以达不到自己孜孜以求的目标，是因为他们的主要目标太小，而且太模糊不清，使自己失去动力。

在投资市场，我们不但要有学习的心态，还要懂得学习。曾经，有一位证券行业的记者，在这一行业内摸打滚打很多年，在他的笔下，记录了很多股票行业的领军人物。他是个善于学习的人，到后来他发现，自己在多年的工作中，也逐步掌握了股票知识，并形成了一定的见解。这期间，他还接触了一些实力很强的操盘手，他学习了解了各类投资者的操作经验，然后结合自己的特点，为自己总结出了一条操作规则，并将其运用到实战经验中，获得了不错的成绩。

从这里，我们看到了学习在投资中的重要性。的确，投资不是投机，我们不可能指望资金投入进去就能得到收益，这需要我们不断学习、如饥似渴地学习，才能不断地提升自己的投资能力。

汉·刘向《说苑·建本》中，晋平公向乐师师旷问道："我年龄七十，想要学习，恐怕已经晚了。"

"怎么不点燃蜡烛呢？"师旷回答说：

"哪有做臣子的戏弄他的君王的呢？"晋平公说。

"盲臣怎么敢戏弄自己的君王呢？我听说这样的事，少年时喜欢学习，如同早晨的阳光；壮年时喜欢学习，如同中午的阳光；老年时喜欢学习，如同点燃蜡烛的光亮。点燃蜡烛之明和昏昧地行动相比较怎么样呢？”师旷说。

“（说得）好啊！”晋平公说。

事实上，我们的时间都是宝贵的，都应该拿来学习知识。你可能认为自己现在学习已经太晚，但实际上，学习的时间要靠自己把握和积累，哪怕只是利用自己一些空闲的时间，哪怕你已经人到中年，只要你愿意在投资上花费一定的时间和精力，只要你投入进去，你就有可能获得意想不到的成就。只有不断更新自己的知识结构，才可能不断提升自己。

总之，任何一个投资者，都要有不断进取的决心和不断学习的意识。你只有不断地学习，不断地进取，才能获得新知识，增长新的投资技能，学习到新的交易技巧，从而夺得新的成功。

投资盈利要学会基本的技术分析

在投资行业，我们需要学习的基本知识有很多，其中重要的一点就是技术分析。当然，这要根据我们所投资的具体领域而定。

1. 股票技术分析

股票技术指标，是相对于基本分析而言的。基本分析法着重于对一般经济情况以及各个公司的经营管理状况、行业动态等因素进行分析，衡量股价的高低。而技术分析则是透过图表或技术指标的记录，研究市场行为反应，以推测价格的变动趋势。其依据的技术指标的主要内容是由股价、成交量或涨跌指数等数据计算而来。

股票技术指标是属于统计学的范畴，一切以数据来论证股票趋向、买卖等。指标组要分为了三大类：

（1）属于趋向类的技术指标；

（2）属于强弱的技术指标；

（3）属于随机买入的技术指标。

基本分析的目的是判断股票现行股价的价位是否合理并描绘出它长远的发展空间，而技术分析主要是预测短期内股价涨跌的趋势。通过基本分析我们可以了解应购买何种股票，而技术分析则让我们把握具体购买的时机。大多数成功的股票投资者都是把两种分析方法结合起来加以运用。

股价技术分析和基本分析都认为股价是由供求关系所决定。基本分析主要是根据对影响供需关系种种因素的分析来预测股价走势，而技术分析则是根据股价本身的变化来预测股价走势。技术分析的基本观点是：所有股票的实际供需量及其背后起引导作用的因素，包括股票市场上每个人对茫然的希望、担心、恐惧等，都集中反映在股票的价格和交易量上。

（1）随机指标 KDJ。

① K 值由右边向下交叉 D 值做卖，K 值由右边向上交叉 D 值做买。高档连续二次向下交叉确认跌势（死叉），低档高档连续二次向下交叉确认跌势，低档连续二次向上交叉确认涨势（金叉）。

② D 值 <15% 超卖，D 值 >90% 超买；J>100% 超买，J<10% 超卖。

③ KD 值于 50% 左右徘徊或交叉时无意义。

（2）ASI 指标

①股价创新高低，而 ASI 未创新高低，代表对此高低点之不确认。

②股价已突破压力或支撑线，ASI 未伴随发生，为假突破。

③ ASI 前一次形成之显著高低点，视为 ASI 之停损点。多头时，当 ASI 跌破前一次低点时卖出；空头时，当 ASI 向上突破其前一次高点回补。

（3）布林指标 BOLL

①布林线利用波带可以显示其安全的高低价位。

②当易变性变小，而波带变窄时，激烈的价格波动有可能随即产生。

③高低点穿越波带边线时，立刻又回到波带内，会有回档产生。

④波带开始移动后，以此方式进入另一个波带，这对于找出目标值有相当帮助。

（4）BRAR 指标

AR 为人气线指标，是以当天开盘价为基础，比较一个特定时期内，每日开盘价分别与当天最高价、最低价之差价的总和的百分比，以此来反映市场买卖的人气。

BR 为意愿指标，是以前一日收盘价为基础，比较一个特定时期内，每日最高价、最低价分别与前一日收盘价之价差的总和的百分比，以此来反映市场的买卖意愿的程度。

2. 证券投资技术分析

证券技术分析，简称技术分析。它是交易技术中的两大流派中的一支。

主要包括趋势型指标、超买超卖型指标、人气型指标、大势型指标等内容。

技术分析基于三大假设：

（1）市场行为包容消化一切；

（2）价格以趋势的方式演变；

（3）历史会重演；

技术分析者强调图表的重要性而坚决反对根据基础分析来进行交易决策。

流行的技术分析流派中比较著名的有：

道氏理论、波浪理论、江恩理论、魔山理论、混沌理论、捷径判断理论（基于数学模型的技术指标，如 KDJ）。其中道氏理论为一切技术分析的开山鼻祖。江恩理论和魔山理论则是关于时间循环周期的重要理论。

3. 现货白银投资技术分析

（1）保力加通道。保力加通道以一条移动平均线为基础，然后加上一定倍数的标准差形成通道顶，以及减去相同倍数的标准差形成通道底。当价格波动大时，通道便会自动调节放大。而当市况平稳时，通道则相对较窄。

（2）顺势指标是一种重点研判价格偏离度的分析工具，量度平均线的裂口从而找出前市或后市之趋势，其数值一般在 +100 和 -100 的范围内波动。

（3）动向指标是一种趋势跟踪指标，主要指出市况是否正以某种趋势前进，例如是正在升势中或跌势中，或者没有一定方向。

（4）动量线主要用来观察价格走势的变化幅度以及行情的趋势方向，计算公式是今日的收盘价与 n 天（例如 12 天或 25 天）前的收盘价的差值。透过观察动量线，可看出市况是处于上升、下降或者是疲软趋缓的走势中。

（5）移动平均线是追踪价格趋势的一种工具，呈现历史走势平均价格，大致分简单移动平均线、指数移动平均线和加权移动平均线三种，其中以简单移动平均线最常用。

当然，我们要学习的投资技术分析还有很多种，比如，地产投资、贵金属等，但学习这些技术分析类型是我们进行投资的前提，不掌握这些基础知识，也只能在投资市场抓瞎，找不到方向。

善于自我反省和总结，找到错误

生活中，我们每一个人都是一个单独的个体，人与人虽然没有优劣之分，但每个人自身却各有优点与不足。对于投资者来说，要想避免投资失败，我们就要善于自我反省和总结，扬长避短，并加以改进。

我们都羡慕那些投资高手，然而即便是“股神”，也是从一位投资新手成长起来，除了机遇好、有一定的天赋之外，他们之所以能成功，就是因为他们善于学习和自我总结。在这一过程中，他们学会了如何把握机会、洞悉市场，如何调整规则。

事实上，我们都知道，人在面对一些错误和不足时，总是惯性地绕道而行，而这正是阻挡我们前进的重要原因。生活中，我们都有这样的体会：倘若有一个木桶，沿口不齐，那么，这个木桶盛水的多少，不在于木桶上最长的那块木板，而在于最短的那块木板。而要想提高水桶的整体容量，不是去加长最长的那块木板，而是要下功夫依次补齐最短的木板。此外，一只木桶能够装多少水，不仅取决于每一块木板的长度，还取决于木板间的结合是否紧密。如果木板间存在缝隙，或者缝隙很大，同样无法装满水，甚至一滴水都没有。

这是个简单得不能再简单的自然界现象，然而往往越简单的道理越会饱含更深层的道理。同样，在投资中，我们难免有一些不足的地方或者错误，而这些优缺点或错误正如这个沿口不齐的木桶。而作为我们自身，在察觉到这一问题后，若听之任之，那么，我们的投资就会受到影响，投资能力不但得不到提升，反而会每况愈下。

与木桶定律具有相同含义的，还有这样一个故事。

古希腊神话中，有一位著名英雄——战神阿喀琉斯。传说他有刀枪不入之身，全身唯一可能致命的弱点是他的脚后跟。阿喀琉斯长大后，在特洛伊战争中屡建功勋，所向无敌。后来特洛伊王子知道了他这个弱点，就从远处向他发射暗箭，这一箭正好射中阿喀琉斯的脚跟，这位大英雄瞬间毙命。

这位大英雄的死，缘于自身的唯一不足，但正是这一点点的不足却成为导致悲剧的关键因素。因此，任何一个投资者，都应该看到自身存在的问题对投资所造成的负面影响。

富兰克林小的时候，家境很穷，所以他在学校读了一年书就不得不出去工作。然而，童年时的贫寒并没有消磨他的意志，反倒让他更加上进，最终成了美国杰出的政治家、外交家，受人敬仰。

其实，富兰克林并不是天才。那么，除了刻苦勤奋外，他是不是还有什么成功的秘诀呢？事实上，在富兰克林的身上，有一种非常重要的品质，那就是经常反省自己。正是这种品质，促使他不断地发现自己的缺点，不断改进，成为一个拥有很多美德的人，最终走向成功。

每天晚上，富兰克林都会问自己：“我今天做了什么有意义的事情？”

他检讨自己的缺点，发现自己有十三种严重的缺点，而其中为小事烦恼、喜欢和别人争论、浪费时间这三个最为突出。他通过深刻的自我检讨认识到：如果要成功，就一定要下决心改造自己。

于是，富兰克林设计了一个表格。表格的一边写下自己所有的缺点，另一边则写上那些美好的品质，比如，俭朴、勤奋、清洁、谦虚等。他每天检查，反省自己的得与失，立志改掉缺点，养成那些美德。这样持续了几年，他终于成功了。

的确，我们每个人都不可能永远不犯错误。因此，及时的反省和自我批评往往是纠正自身错误、实现快速转变的关键所在。在瞬息万变的投资市场，那些不愿意反省自己或者不愿意及时改正错误的人，必将面临衰败的结局。同时，投资者如果不能及时察觉自身的缺点或在投资中的错误，不能用最快的速度修正自己的投资方向，也必然会在投资中失败。

美国“氮弹之父”爱德华·泰勒具有极好的自我纠错习惯。他经常兴致勃勃地谈起自己的某个最新见解，不久后又会毫不留情地自我否决掉。尽管他的十个见解中往往大部分都是错的，可是他凭借有错就纠的好习惯，能够在“沙里淘金”，最终做出了不平凡的成就。

总之，作为投资者，你要做一个善于自我反省的人，只有这样，才能能够发现自己的缺点、错误，然后加以改正，使自己不断进步，并能够扬长避短，在投资中逐步完善自己，从而获得更大的成功。

第12章 止损，永远是投资要做的最重要的事

投资市场有风险，这大概是我们听到的关于投资最多的评价了，然而，这句话本身是存在问题的。“投资本身没有风险，失控的投资才有风险。”这是“金融大鳄”索罗斯的一句话。的确，我们不能因噎废食，不能因为风险的存在而不投资，所以我们要学会控制投资中的风险，而一旦亏损已经产生时，我们就要学会止损了。如果在产生损失时，依然想着有一天能翻身，那只会越陷越深。回过头去看，你往往会感慨，如果当初止损就好了。所以，我们可以说，投资中，最重要的事并不是投资，而是止损。

勤劳致富，有付出才会有收获

我们任何一个人都知道，世界上没有一件有价值的东西可以不通过辛勤劳动而获得，不吝惜自己汗水的人，也必将会有丰厚的收获。一个成功者的成功之处就在于他总是比别人多付出一些，比别人多向前迈进一步。

前面，我们分析过，“你不理财，财不理你”。这句话强调理财的重要性，但并不意味着投资是我们生活的全部，我们要想致富，最重要的还是要靠自己的双手和头脑，如果我们买一只股票，随便卖出就能赚一大笔钱，我们就会产生侥幸心理，而带着这样的心理投资，我们迟早会赔个精光。

所以，我们任何人，要想获得财富就要比别人早付出一点、多付出一点。生命有限，维系成功的唯一法门在于不断地努力，在新的方向不断探寻、适应以及成长，这样，你将步入新的高度。对此，家富富侨创始人郭家富的创业史将会告诉我们这个道理。

在创业版150家候选企业名单中，“家富富侨”赫然入列，成为国内首家启动上市筹备工作的足浴企业。从一个只有4张床位的街边洗脚店，到拥有500多家连锁店的足疗“航母”，草根渝商郭家富向我们证明了勤劳真的可以致富。

郭家富，家富富侨创始人，重庆江津人。他曾先后担任中国保健行业协会常务副会长、中国足疗协会会员、北京市重庆商会副会长、重庆保健按摩协会副会长、江津区总商会副会长、江津区第十五届人大代表。

十年前的一天，郭家富在广州打工。当时，广州市劳保局办了一个职业技术学校按摩专业招生会，这让郭家富一下子兴奋起来，马上，他就交了 8000 元的巨额学费。其实，郭家富并不是一时兴起，对于按摩的兴趣，他早已有之，并且郭氏有着祖传的渊源：父亲学过中医有较深的理论基础，对阴阳、五行、经脉很有研究，而祖父在江津老家开药房诊脉号病，常常免费为穷人按摩治病。受家学的影响熏陶，家富耳濡目染，从小就对按摩有兴趣，加上从小练过杂技、武术，对按摩穴位、跌打损伤，民间治病的丹方、验方也掌握一些。

郭家富在按摩学校更加系统地进行了中医经络理论、穴位理论及按摩技术的学习，并取得按摩师资格证书。经过职业学校的正规培训，他的按摩技术又有了一个飞跃，他因此坚定了用按摩技术安身立命，闯出自己事业的决心。

然而，那时的按摩还没有形成产业，郭家富的一技之长无人赏识。他只好选择自己创业，在街边租了一间房为人做保健按摩，勉强维生。

一年后，郭家富看天河区一洗脚城在登报招收按摩师，前去应聘。老板坚持只招女孩不招男生。郭家富说："我是执业按摩师，有资格证书。"老板说："我们只需脚部按摩。"郭家富说："我把按摩手法用在脚上。"老板沉吟不语。郭家富说："这样好了，我在你这里洗脚，你不用给我发工资，只按收入提成。"老板一听毫不犹豫地答应了。

郭家富的技术终于在这里得到应用、发挥。许多有疾患的顾客让家富一按摩马上就有了感觉：血脉畅通，全身舒坦，疲乏、酸疼一扫而去。于是，家富的技术在顾客中留下了深刻的印象，回头客也就滚雪球般越来越多。

郭家富在广州洗脚行业中做出了名气，身价也越来越高，别的洗脚城早就开出天价来挖他。他对自己的技术、能力越来越自信，对洗脚业的经营也有了自己的想法。所以老板来聘，他也不讲价钱，只希望有一个发挥能力的舞台。

家富再去的这家洗脚城因经营不善，已濒临倒闭。干了一段时间，家富给老板建议说："你的洗脚城我来承包，下掉你的几个管理人员，你每个月可节约一万多元，我不领你的工资再给你节约几千元，有利润了我们再按收入的比例分成。"老板一听喜出望外，马上与家富签订了协议。一周后，营业额大幅上升，一月后，营业额达到 20 多万元，创造了这家企业从没有过的高额利润。

家富一边干，就一边动起了脑筋，满脑子里都是自己创业的念头，他用一个星期的时间写出一个自己开办洗脚城的项目论证书，给重庆的大哥寄去。他在信中野心勃勃地说，这是他们四兄弟千载难逢的机会。

后来，郭家荣、华、富、贵四兄弟倾其所有，在重庆城乡接合部开办了一家只有 4 张床位的按摩服务部，用半年的时间度过了最困难的时期，以后开分店并实行加盟，从商业价值入手，将中华传统医学的保健按摩技术挖掘整理，发扬光大，并因此吸引了大批高素质人才，引起学术界、理论界的重视。

从郭家富的创业经历中，我们可以得出一点，一个人要想成功，就要付出不亚于任何人的努力，这是一个长期的过程，只要坚持就一定能够获得不可思议的成就。事实证明，任何一个取得成功的人，都付出了超乎常人的努力。

任何一个人，要想获得财富，都要秉持着今天要比昨天好、明天还要比今天进步的态度，每天实实在在去努力，让每一天都过得“异常认真”。对于一去不复返的人生，也不能有丝毫浪费，要以诚恳认真到“异常”的方式去度过。这种看来傻得可以的生活态度，如果能长期坚持下去，任何一个平凡人也能蜕变成超凡的人物。

别让亏损无法控制

“金融大鳄”索罗斯曾说过这样一句话：“投资本身没有风险，失控的投资才有风险。”的确，任何投资都是有风险的，所以，我们投资前一定要学会控制风险，而在亏损已经产生时，我们就有必要采取措施将损失减少到最低。其中重要的一个方法就是止损。那么，什么是止损呢?

止损也叫“割肉”，是指当某一投资出现的亏损达到预定数额时，及时斩仓出局，以避免形成更大的亏损。其目的就在于投资失误时把损失限定在较小的范围内。股票投资与赌博的一个重要区别就在于前者可通过止损把损失限制在一定的范围之内，同时又能够最大限度地获取成功的报酬，换言之，止损使得以较小代价博取较大利益成为可能。以股市为例，股市中无数血的事实表明，一次意外的投资错误足以致命，但止损能帮助投资者化险为夷。

然而，很多投资者都拒绝止损，一直抱有抵触心态、回避心态和一起死的共同阵线心态。在这三种心态的影响下，投资者没有看到止损的重要性，最终，一而再，再而三地犯错误，损失惨重。

"抵触心态"使投资者认为，无论是投资股票、期货、外汇市场，都一定要盈利，而不能亏损，然而，我们要知道的，不仅是投资市场，即便是那些实业也有风险。我们无法保证风险为零，所以我们要有随时做好止损的准备。

"回避心态"是投资者在失败后出现的主要心态，他们不愿意承认投资已经亏损了，刚开始的亏损只有5%、10%，而在回避心态的作用下，他们逃避止损，而让风险逐步扩大到20%、30%、50%就更舍不得止损了。最后的下场只有扫地出局。其实，这是一种自欺欺人的想法，他们认为反正是亏损了，再等等看吧，而其实，当你发现账户资金"洗劫一空"的时候，你就知道自己错得离谱了。

还有一种"一起死的共同阵线心态"，投资者在最近亏损的时候在想，看看我身边的人，他们不也是这样吗？最多大家一起亏，又不是只有我一个人。这种消极的心态在投资者间相互蔓延，也是投资者没有及时止损的原因。

需要止损的原因有两个方面：

第一是主观的决策错误。

任何一位投资者，即便你的投资经验再丰富，你也必须承认一点，因为诸多因素的关系，你随时有可能犯错误，这是必须要引起重视的理念，因为市场是随机性的，在市场中，每一位参与者都影响着整个市场的运作，不可能存在永恒固定规律，而唯一永远不变的就是变化。

当然，投资市场也在某个特定的时间内有某些固定的特征，比如，庄家操控、资金流向、群体心理、自然周期等，这是股市高手们生存的土壤，也是不断吸引更多的人们加入股市从而维持股市运行发展的基础，但这些非随机性特征的运行也肯定不会是简单地重复，那只能在概率的意义上存在。另外，任何规律也不是在任何情况下都适用，也肯定有失败的时候，而这个时候也许就会被聪明的你碰到。当遇到失败概率变为现实，或者规律失效，这时就有必要挥刀止损了。

第二是客观的情况变化。例如公司或行业的基本面发生意料之外的突发利好或利空，宏观政策重大变动，战争、政变或恐怖事件，地震、洪水等自然灾害，做庄机构资金链断裂或操盘手被抓等。

关于止损的重要性，专业人士常用鳄鱼法则来说明。鳄鱼法则的原意是：假如你被一只鳄鱼咬到了脚，此时，你或许想用手去挣脱鳄鱼，但鳄鱼很快也会咬到你的手，也就是说，你越是挣扎，越是会被鳄鱼缠住。而此时，明智的做法是牺牲掉那只已经被鳄鱼咬到的脚。在投资市场也是这个道理，当你发现交易已经背离了市场的方向，必须立即止损，不得有任何的迟疑和延误，而且绝对不能心存侥幸，或许鳄鱼吃人听起来很残酷，但投资市场何尝不也是个残酷的地方呢？有人欢喜有人愁，有人赚到了钱，就有人葬身于投资市场。

再请看一组简单的数字：当你的资金从 10 万亏成了 9 万，亏损率是 10%，你要想从 9 万恢复到 10 万需要的赢利率也只是 11.1%。如果你从 10 万亏成了 7.5 万元，亏损率是 25%，你要想恢复的赢利率将需要 33.3%。如果你从 10 万亏成了 5 万，亏损率是 50%，你要想恢复的赢利率将需要 100%。在市场中，找一只下跌 50% 的个股不难，而要骑上并坐稳一只上涨 100% 的黑马，恐怕只能主要靠运气了。俗话说得好：“留得青山在，不怕没柴烧。”止损的意义就是保证你能在市场中长久地生存。甚至有人说：“止损等于再生。”

那么，该如何止损呢？为此，我们最好了解止损的关键点：

（1）必须设定止损点

在未设定止损点的情况下，永远不要开始任何交易，投资市场的风险永远不能低估，所以，我们时刻要提高风险意识，而最基本的一点就是买入前确定自己可以赔多少——设定止损点。

（2）坚持预设的止损点

能够严格自律地做到这一点的投资者很少。因为在止损点卖出股票就是要坦白地承认自己错了，而大多数散户对持有的股票往往过于自信，面对判断失误，依然心存侥幸。

投资中盈利的永远是少数人

我们都知道，投资有风险，的确，无论是股市还是期货市场，真正盈利的是少数人，大部分参与者都是亏损的，这是为什么呢？

因为我们所进入的投资市场无时无刻不在变化，不管时间长短，只要交易还在进行，我们所投资的领域的行情就也在波动，所以，我们单个人是无法预料精确的投资情况的，所以，无论如何，我们都无法避免波动的出现。

如果市场变化时，我们没有变化，或者我们的变化没有市场变化得快，我们就亏损了。

实际上，每个投资者都经历过亏损，没有人一投资就赚钱，而且持续盈利下去。所以，在变化莫测的投资市场，亏损是无法避免的，这并不可怕，因为只要我们懂得怎样减少不必要的亏损，而且懂得在亏损产生时将损失控制在最小范围内，我们还是可以期待新的盈利的产生的。

然而，在投资市场，我们看到的更多情况是，一些投资者从轻微的损失变为损失惨重，那这又是为什么呢？这是因为逃避止损导致的。比方说，你原来做的投资是 100 万，在出现了 2 万元的亏损时，你没有止损，这样，亏损一直进行着，这个漏洞越来越大。很快，亏损变成了 5 万元，此时，你还不止损，而是继续观望。很快，损失变成了 10 万元，而此时如果你还不止损的话，损失就会变成 20 万元、50 万元，甚至可能将本金完全亏损。

在某个城市的郊区，有一家工厂，这家工厂是一家大型企业投资建成的，建成后，由于市场的不景气，工厂一直亏损。但是管理者不甘心已经投入的 50 万就这么打水漂了，于是，为了增强产品的市场竞争力，他们又从德国引进了最先进的机器，但谁料到，市场已经饱和，他们的产品依然销量不好，该工厂依然亏损。此时，他们的投入资金已经达到 100 万了，如果放弃的话，这些投资就会石沉大海，于是，他们又投入 300 万，但仍然事与愿违。就这样，管理者前后花了几百万，却没有将这家工厂救活。

很明显，这一案例中，工厂的管理者因为不甘心已经投入的成本打水漂而不断加大投资，最终他们的损失越来越大。相反，如果工厂管理者能够意识到抛开沉没成本的决策，那么，就不会造成巨额的损失了。

从这里，我们看到了止损意识在投资中的重要性。其实，止损的概念不但应该被运用到投资中，我们在生活、感情或者事业上都应该有这样的意识。生活中，你常常会面临这些看似难以作出决断的两难选择，一方面是无可挽留的损失，另一方面是为挽留损失进行更大的成本投入。对于无可挽回的损失，就不值得你再投入成本，你最明智的选择就是：到此为止，不要过多纠缠。

总之，投资中，我们应该综合考虑各方面的因素，做出正确的判断，避免决策失误，当然，即使投资决策失误了，我们也不能因为不甘心而不止损，要果断采取止损措施，以使自己的损失降到最低程度。

投资中不可有侥幸心理

投资中，不少情况是，你明明知道自己已经到了止损位了，但是你告诉自己，再等等还是会涨上去的，这点损失很快会重新赚回来，你给自己的时间是十天，然而，十天过去了，你等到的是令你失望的答案，于是，你决定再给自己五天时间，但是答案依然如此。而实际上，你的亏损额度在逐渐加大，在侥幸心理的支配下，你亏损的也是越来越多。

前面，我们已经分析过，在任何投资中，我们都要制定出交易规则，而且，我们要坚决按照规则进行交易，当然，如果我们发现规则不正确，那么就该彻底地放弃。另外，我们选择的规则也是要根据自身特点和市场相结合，并且，这一规则必须是盈利的。在投资中，如果我们安慰自己只要换一种规则就可以避免止损，那么，我们只会在频繁更换规则的同时损失更多。

在投资中，如果总是逃避止损，其实是自欺欺人，是一种脱离实际的奢望。的确，任何一个投资都不是完美的，加上投资中出现的一些风险因素而导致了问题的产生。这时，如何看待问题、如何处理问题，直接考验到我们的应变能力，如果我们能立即采取补救措施，情况可能转危为安。

事实上，大多数时候，我们遇到的只是一些小问题，但却没处理好，之所以如此，有时候，是我们自乱阵脚而已。不难发现，任何一个投资高手，都是止损的高手。而一些负面情绪，比如焦躁、着急、焦虑等都无济于事遇到任何难题，只要我们能从容应付、找到问题关键，都能迎刃而解。我们先来看看下面这个故事。

在英国的麦克斯亚郡，曾经发生了一件匪夷所思的事：有一个妇女，她的丈夫是个足球迷，他迷恋足球的程度甚至已经到了让她不能容忍的地步，严重影响了他们的夫妻关系。为此，这个妇女便要求生产足球的厂商——宇宙足球厂赔偿她精神损失费 10 万英镑。当她提出这一诉讼后，很多人觉得不可思议，甚至觉得控诉毫无道理。但事实上，这个妇女赢得了官司，因为这位妇女的要求得到了大多数陪审团成员的支持。想到马上就要支付巨额的赔偿费，宇宙足球厂的老板很是忧虑。

此时，宇宙足球厂的公关顾问认为，现在的问题很明朗，那就是这位女士的控告让足球厂损失了一大笔钱，而如果能通过这次控告重新赚回损失的钱，问题不就迎刃而解了吗？于是，他向公司提出了一个明智的建议：与其在法庭上与陪审团进行无谓的陈述，还不如利用这一离谱的案例，为公司大作宣传，向人们证明宇宙厂生产的足球魅力之大。

于是，接下来，他们把工作重心放到了与媒体沟通上，让他们对这场官司进行大肆渲染。果然，这场官司经传媒的不断轰炸后，宇宙足球厂名声大振，产品销量一下子就翻了四倍。与损失 10 万英镑比起来，宇宙足球厂算是因小祸而得了大福。

宇宙足球厂为什么能因祸得福？可以说，这位公关顾问是明智的、冷静的，他看到了问题的关键所在，于是，针对这一问题，他提出了解决危机的方法——借助官司这一免费的宣传手段，为企业扩大了销路。

另外，我们需要认识到的是，是否能处理问题以及将问题负面影响降到最小，最重要的是还是看速度，速度就是效益，一旦问题产生，我们就要明白速度等于一切，要有敏锐的反应能力，寻求周围人的帮助，集中一切资源着手解决问题。

那么，在投资中，我们该如何在最短的时间做好止损呢？

1. 稳定情绪，调节心态

也就是说，投资中遇到问题，我们应表现出积极的态度，不要发牢骚、不要辩解、不找借口等，如果此时无法调整心态的话，那么，影响会非常大。

2. 找到症结，把面临的问题一一列举出来

处理投资问题并不是毫无章法的，不管你要怎样解决它，成功的前提是看清难题的关键在哪里。找到了问题的关键，也就找到了解决问题的方法，剩下的就是如何来具体实行了。美国通用汽车公司管理顾问查尔斯·吉德林提出：把难题清清楚楚地写出来，便已经解决了一半。只有先认清问题，才能很好地解决问题。

那么，现在，你遇到了哪些问题？哪个环节没有做好？针对这一问题，你应该尽量最大限度地列出答案，当你列举出来后，你会发现，其实，问题并不难。

3. 追求速度，不可拖延

解决投资问题，尤其是止损，最重要的就是速度。一些人在遇到此类问题时，总是采取逃离、躲避的态度，他们认为，一切问题会随着时间的流逝而解决的。因为他们面对危机的心态通常是：侥幸心理、鸵鸟政策、推卸责任、隐瞒事实，这些错误的态度不仅无助于问题的解决，甚至还会产生更严重的问题。

事实上，投资问题产生后的一分一秒的时间都是珍贵的，因为随着问题的进展，在时间上会失去控制，而随着危机的进展，各种不可测因素也会随之增加，通常是屋漏偏逢连夜雨，最后，太多的问题只会让事情变得一发不可收拾。

投资不是赌博，不可有赌徒心理

在投资中，不少投资者总是想证明自己是正确的，一旦他们盈利，就会开心得手舞足蹈，而当他们失利的时候，他们却不肯承认自己的失误，并自欺欺人，认为投资一定会有转机，这就是赌徒心理。在这一心理的影响下，他们耽误了最佳的止损时机，进而造成了无法挽回的损失。我们先来看看下面的这则故事：

有一位叫娜娜的大二女生，从小父母娇惯，上了大学后跟同学学起了炒股。但是因为投资知识的缺乏，她相信自己运气好，每次到已经损失的时候不止损，最后她的股票被套牢了，损失了三万多元。而一个大学生哪来这笔钱，自然是跟同学借的，她根本无力偿还这笔不小的赌债，而且她根本不敢把这件事情告诉父母。债主却接连不断地逼她还债，有一次债主见她还不能还债，就举着刀来威胁她，向娜娜下了最后通牒，某日之前必须还清，否则要找人打她，她只好答应回家找父母要，可是她还是不敢。于是她铤而走险，在限期前一天的下午，来到舅妈家中，想用刀威胁舅妈拿出钱来，她用电工刀刺向毫无防备的舅妈，又杀气腾腾用刀刺向年仅 3 岁的表妹，由于她舅妈拼命呼救，娜娜仓惶逃走，十余天后，娜娜被警察抓回。没有人相信，这个漂亮的小姑娘竟是因为赌博要伤害自己亲人的凶手。

这一悲剧，告诉所有人，无论做什么投资，赌徒心理要不得，轻则危害身心健康，重则导致犯罪甚至丧失生命，是各种祸事的根源。

那么，什么是赌徒心理呢？看完下面的故事，我们就会有所了解。

有一个买彩票的赌徒被捉赌的派出所民警当场捉到，他身上仅被搜出 5 元赌资。带到派出所后，民警问他："你身上才 5 块钱，能赌什么？"赌徒一听这么问就来劲地答："民警同志，这你就不懂了，你别小看了这 5 块钱，我可是想用它来买房子的。"民警听后觉得摸不找头脑，赌徒接着说："靠 5 块钱，中第一次，它就能变成 200；中第二次，它就能变成 8000 元；中第三次，它就能变成 32 万，这样我就能到城里去买一套房子了。"

这就是赌徒心理，其实它不仅存在于赌徒中，可以说每个人都或多或少拥有这样的心理。单从赌博来说，就是输了还想再把输掉的赢回来，赢了还想继续赢下去，使自己的占有欲得到进一步的满足，而且，赌博可以为自己带来一些利益的获取，这样就使得赌徒心理有了生长的环境。从大的方面来讲，人们也经常利用或被利用了赌徒心理。

在投资中，那些面对亏损也不愿意止损的投资者其实就是赌徒心理作祟，而这导致他们损失惨重，他们把投资当成赌博，嗜赌成性，不想劳动，无心创业，结果田地荒芜，生意中断，事业夭折，甚至酿成人生悲剧。

一些投资者总是相信："根据我的判断和分析，这只股票一定还会再涨上去的。"而事实上呢？它已经跌下来了，怎么办呢？或许你还有很多个让你盈利的理由，但现在，既然它已经亏损了，就必定是有原因的，只是你暂时没了解到而已，所以，你没必要再不甘心，无论如何，你都不能让你的账户再亏损了。

事实上，如果你真的要让他人肯定你，你就需要用账户的收益来说话，而不是赌气，认为自己"下一次一定会赢"。

你真的没必要非要证明自己是正确的，因为即便是那些投资高手，即便是所谓的"股神"也有投资失利的时候。如果事实证明你这次真的错了，就欣然接受吧，然后寻找积极的措施来止损，将你的损失降低到最低程度。

因此，在已经亏损的情况下，我们千万不能因为不甘心的赌徒心理而推迟或者逃避止损，那样只会让你出现更大的损失。

第13章 对金钱有正确认知，盈利不是人生的全部

我们都知道，金钱是人存在于世上最基本的条件之一，而且，金钱能满足我们购买的愿望，正因为如此，我们才千方百计地赚钱，事实上，这也是我们大部分人理财投资的目的。然而，在这一过程中，一些人对金钱的欲望过了头，把对金钱的追求当成了最终并唯一的目的。这样的人逐渐将自己淹没在了对金钱的追逐中，而导致了投资过程中的自我迷失，这可谓是自掘坟墓。事实上，我们每个投资者都需要记住，君子爱财取之有道，而且，金钱不是人生的全部，还有很多需要我们关注的事，拥有正确的金钱观，我们才会拥有好心态，才会在投资市场有更好的表现。

要有成为富人的欲望

生活中，相信我们大部分人都被父母、长辈们教育，为人不能拜金，应该充实自己的内心，然而拜金和对财富的追求并不是一回事。追求财富并没有错，这不仅仅是改善生活的需求，更是激发大脑潜能、调动大脑思维的最原始的动力。

石油大王洛克菲勒曾说："我应该是富翁，我没有权利当穷人。"的确，我们不难发现，生活中，有些人对财富有着一种偏执的观念，他们总是认为，拥有金钱就是罪恶的，事实上，坚守贫穷并不是一种美德，反而还会丧失为朋友、家人服务，为社会贡献的机会。

在洛克菲勒很小的时候，他周围的人很多都在接受拜金思想的影响，大家都怀揣发财梦，一个个都涌向西部淘金，然而，洛克菲勒的母亲却是个很有自尊的人，她希望作为长子的洛克菲勒能扛起家庭的责任。自打那个时候起，洛克菲勒就立下誓言："我不能沦为穷人，我要赚钱，我要用财富改变家人的命运！"当然，很多年后，洛克菲勒做到了。

成功后的洛克菲勒也常常向他的子女灌输正确的金钱观——金钱并不是奋斗的最终目的，但金钱可以帮助我们更好地贡献社会。然而，在他的周围，总是有一些对金钱存在偏执观念的人。

洛克菲勒先生曾经遇到一个生活清苦的年轻人，他叫汉森，整天节衣缩食，他一直认为生活贫困的人就是品格高尚。这天，他对洛克菲勒说："洛克菲勒先生，我觉得我有责任同你讨论一个问题——金钱是万恶之源，这是《圣经》

上说的。”

听完汉森的话，洛克菲勒愣了一下，因为他终于知道是什么导致这个年纪轻轻的小伙子不去努力工作、挣钱了，因为他误解了《圣经》给我们的人生教诲。

洛克菲勒不希望这个年轻人再这么“沉沦”下去了，于是，他告诉汉森：“小伙子，我也曾接受基督教的熏陶，但似乎我的记忆力还不错，我记得你说的这句话的原文应该是‘喜爱金钱是万恶之源’。”

“什么？”汉森吃惊极了。

“是的，年轻人，我们都敬畏《圣经》，我们可以直接引用它的智慧，以引导我们怎么去爱，但必须是直接引用的内容才是真理，而‘喜爱金钱是万恶之源’这句话才是直接引用的。喜爱金钱只是崇拜的手段，并不是目的。如果你没有手段，就无法达成目标，也就是说，你只知道当个守财奴，那么金钱就是万恶之源。”

接下来，洛克菲勒继续引导汉森：“年轻人，你不妨想想看，如果你有了钱，你能做些什么？你可以救助你的家人、朋友，带给他们一些快乐，也可帮助那些需要帮助的社会人，那么，你的金钱就成为幸福之源。你不该再被那些偏执的观念束缚你的受教了，你现在还年轻，应该充分利用时间去挣钱，让自己富裕起来，你应该致富，而且能够致富。记住，小伙子，你虽是尘世间的匆匆过客，却也要画出一道人生的光亮。”

当然，最后，洛克菲勒也不知道这位叫汉森的年轻人有没有听进去他的话。

的确，从洛克菲勒的话中，我们能看到金钱的正面作用，现代社会，金钱不是万能的，但是没有金钱是万万不能的。

当然，要想赚取财富，我们还是要善于动脑，要知道，投资市场内的竞争更明显表现为头脑和智慧的竞争。为此，我们需要不断学习投资知识，关注市场动态，并调整自己的投资规则，以此来适应市场的变化。

另外，你还需要注意的是，追逐财富并不为过，但千万别为了赚钱而赚钱，你要让金钱当你的奴隶，而不能让自己当金钱的奴隶。

总之，我们需要明白的是，金钱本身并不是罪恶的，只有把敛财当成人生目标，才是错误的金钱观。我们任何一个人，都要趁年轻的时候努力挣钱，并让自己的财富产生积极的意义，这才是有价值的人生。

重新审视金钱的意义

毋庸置疑，我们大部分人进行投资是为了获得财富，也就是通俗意义上的赚钱，然而，我们赚钱是为了什么？是为了获得更好的物质生活？亦或是实现自己的愿望？如果投资中赚不到钱呢？其实这些都涉及到我们的金钱观，我们只有树立正确的金钱观，才有正确的投资心态，才能以淡然的心面对投资中的得失成败。

然而，生活中，我们发现，一些人在奢侈的生活习惯中形成了错误的金钱观，他们把“有钱”作为自己炫耀的资本，认为有钱、消费就是获得快乐的方式，这是一种错误的金钱观，会扭曲我们的价值观，必须加以调整。石油大王洛克菲勒说：“我宁愿过简单的生活，吃不铺桌布的餐桌上自己的一碗麦粥。”洛克菲勒一直坚信：“我相信节约对于有序生活的关键性，我信奉无论对于政府、商业还是个人事务，节约是健全的财政结构的首要因素。”

关于石油大王洛克菲勒，在很多人眼里，他是个节俭成性的资本家，但事实上，他还是美国最大的资本家，截止20世纪20年代，洛克菲勒基金会成为世界上最大的慈善机构，他赞助的医疗教育和公共卫生是全球性的。他一生直接捐献了5.3亿美元，他的整个家族的慈善机构的赞助超过了10亿美元。中国受益尤多，接受的资金仅次于美国。1915年，洛克菲勒基金会成立中国医学委员会，由该委员会负责在1921年建立了北京协和医科大学，这所大学为中国培养了一代又一代掌握现代知识的医学人才。

洛克菲勒一直知道自己在做什么样的事情。这位出生于纽约州哈得逊河畔小镇上一个穷苦家庭的基督徒，坚信自己装在口袋里的每一分钱都是干净的。

他坚信：“上帝赏罚分明，我的钱是上帝赐予的。而我之所以能一直财源滚滚如有天助，是因为上帝知道我会把钱返还给社会造福我的同胞。”

金钱本身从来不是他的目标，权力本身也不是。这个被众人视为传奇的老头子，奇瘦无比，终生过着清教徒般节俭的生活，甚至自己的婚戒也仅仅花了15 美元。当范德比尔特、卡内基等亿万富翁在纽约和长岛大兴土木兴建别墅的时候，他宁愿采取本杰明·富兰克林的主张：过简单生活，在“不铺桌布的餐桌上吃自己的一碗麦粥”；他不买游艇，不加入乡村俱乐部，不搜求任何古董；也不参加社交活动，政治对他也没有诱惑力。他更多时间是呆在办公室里，把精力放在标准石油公司。浪费时间和金钱，对他而言是一种罪孽。

正如洛克菲勒所言，浪费是一种罪。也曾有位哲人说：“人类活着的意义和人生价值就是提高身心修养，磨炼灵魂。”一个贪图享乐的人，又怎么能感受到最简单的快乐？

诚然，人活于世，必须有一定的物质基础的保障，人们对财物的需要，本来只是为了生存和发展，可是，有些人对财物有一种特别的嗜好。对于他来说，更好的财富不是他的，他竭力追求，一旦到了手，就决不放手，该给别人的，也不愿给。他们的生活公式是：挣钱、存钱、再挣钱、再存钱……他们最大的乐趣是数钱、敛财；他们的哲学是：多了还要多，永远不会有满足的时候。说到底，过于渴望财富就是一种错误的金钱意识。这一意识也会影响我们的投资心态，把金钱看得太重，也就是得失心太重，会让我们深陷进去。

事实上，我们对金钱的态度绝对不能是极端的，而如果你是个曾经很重视金钱的人，你就必须有新的认识，要重新树立金钱意识。我们来看看下面的故事。

小田今年 26 岁了，和很多“80 后”一样，他有很多缺点，比如，抗压性差、主动性不够等。

从 6 岁到现在，他一直在父母的庇佑下长大。他不会做饭，因此，即使上班了，他还是每天吃着妈妈为他准备好的便当，他觉得餐馆的食物无论是从味道还是从干净程度上，都完全比不上妈妈做的。

其实小田一直是个生性节俭的孩子，但当他从报上得知他出生的医院陷入经济困境时，二话不说，立即将存折里的积蓄捐给该家医院。

后来，已经退休的父母收到了医院寄来的收据和表扬信才明白，自己的儿子绝对不会是个小气鬼、守财奴，因为他懂得把钱花在刀刃上，他了解金钱的价值，也懂得如何发挥它的价值。

事实上，这才是正确的金钱观。一位学者说，金钱是把双刃剑，关键就在于用它去做有益的还是有害的事情。这提醒我们，指望用金钱堆砌出快乐是不切实际的，我们投资的根本目的也不在于金钱，而在于快乐，所以，我们有必要在投资前先摆正态度。

我们绝不可成为金钱的奴隶

生活中，我们常听到："天下熙熙，皆为利来，天下攘攘，皆为利往。"的确，对于人们来说，金钱的威力是巨大的，金钱可以买到可口的饭食，可以买到华丽的服饰，可以享受舒适的服务，可以买到很多想得到的东西。可以说，没有钱是万万不能的。一个人如果身无分文，将不得不面对寸步难行、无法生存的境地。金钱，确实是人享受幸福生活的条件，但不是幸福生活的全部："家有金山银山，不过一日三餐。"房子再大，晚上睡觉不过一张床，衣服再豪华，其作用也不过是遮丑避寒。其实，我们的需要极其有限。现实生活中，往往有些人为了实现阶段性目标而做了与实现最终目标背道而驰的事，让手段掩盖了自己的目的。

实际上，金钱只是我们追求幸福和快乐的工具，而如果我们投资赚了钱，我们就可以通过金钱购买到自己想要的物品，可以去消费，可以成为金钱的主人，而不是成为金钱的奴隶。如果整天守着钱，生怕丢了，也不拿来进行新的投资，这样，金钱就失去了其价值。另外，我们也看到，一些人为了获得金钱，做出违背道德、法律的事，实在是得不偿失。

在清代民间，人们常说，“和珅跌倒，嘉庆吃饱”。和珅之所以为千夫所指，可以说，就是因为错误人生态度的形成。

和珅最初为官时一心报效国家，与朝中的清官一起打击福康安、福长安等贪污官员，在26岁时就任管库大臣，管理布库。他从这份工作中学习到如何理财，他勤朴地管理布库，令布的存量大增，他凭借这些才干，得到乾隆的赏识。乾隆四十年，和珅升为乾清门御前侍卫，兼副都统。乾隆十一月再升为御前侍卫，并授正蓝旗副都统。乾隆四十一年正月授户部侍郎，三月授军机大臣，四月授总管内务府大臣。这两年间，和珅清廉为官，勤奋好学，成为一位有为的青年。

乾隆四十五年正月，海宁揭发大学士兼云贵总督李侍尧涉嫌贪污，乾隆下御旨命刑部侍郎喀宁阿、和珅和钱沣远赴云南查办李侍尧。起初案情毫无进展，后来和珅拘审李侍尧的管家赵一恒，并严刑逼供。赵一恒起初还拼死抗争，拒不招认，后来终于按捺不住痛楚，把李侍尧的所作所为一一向和珅作了交待。和珅有了坚实的证据，心里就有了底，踏实下来。他把赵一恒交待的事项笔录下来，又命人召来了云南李侍尧属下的大官员，当着他们的面宣告了赵一恒的供述，那些原来忠于李侍尧的官员见和珅已掌握了证据，便纷纷出面指控李侍尧的种种罪行，就连那些曾向李侍尧行贿的官员，也申明自己是迫于李侍尧的淫威，被迫行贿的。和珅取得了实据，迫使精明干练的李侍尧不得不低头认罪。和珅也因此被提升为户部尚书。

李侍尧案审结后，李侍尧被判斩监候，李侍尧和他的党羽一大份财产被和珅私吞，加上乾隆的赏赐，和珅终于初尝掌握大权大财的滋味。四月，其长子丰绅殷德被乾隆指为十公主额驸，领受乾隆赏赐的黄金、古董等，百官争相巴结。和珅起初不受贿赂，但日子一长，和珅开始贪污，他广结党羽，形成一股大势力，更培植犯罪集团用以迫害政敌、地方势力和人民。俨然成了一个金字塔式的大贪污集团，而和珅就立在金字塔的顶端。

嘉庆登基后，曾列出和珅二十条罪状。和珅后被嘉庆皇帝赐死。

乾隆年间，和珅为皇上宠信之极，官阶之高，管事之广，兼职之多，权势之大，清朝罕有。但这一切都是过眼云烟，他损害了人民的利益，欺上瞒下，最终落得个狱中自尽并遗臭万年的凄惨结局。而我们不难发现，为官之初的和珅原本是个清廉之人，但李侍尧案后，他尝到了金钱的滋味，一失足，才形成了错误的人生态度，最终成千古恨。

的确，生活中，任何人都要生存，于是人们因地因时制宜，千方百计去挣钱。有的出卖自己的劳动力，有的出卖自己的知识，有的出卖自己的智慧，有的出卖自己掌握的信息。投资也是其中一种。然而，金钱，只有在被消费的时候，才能体现它的价值，放在家中，只是一堆废纸，却比废纸更让我们劳心费力；存在银行，只是一个数字，并不比一个普通数字更能带来乐趣。当我们过分看重金钱时，金钱就失去了它原本的使用价值。

马克思说资本家对利润的追求是贪得无厌，其实，不仅仅是资本家，每个人都有追求利润最大化的本能和动机，因为金钱是人存在于世上最基本的条件之一。但有人过了头，把对金钱的追求当成了最终并且唯一的目的。

《白鹿原》中有一句话“房是招牌地是累，攒下金钱是催命鬼”，确实是这样的。人们常说，没有金钱是万万不能的，但这并不代表金钱是万能的，金钱买不了健康、寿命、幸福，因此，我们不应过分地追求金钱，尤其是不能以破坏法律和道德的底线为代价。

比金钱更重要的东西还有很多

对于我们很多人来说，金钱都是极为重要的，金钱为我们提供充足的物质生活，金钱能购买一些有价商品，然而，我们看到一些人，为了追逐金钱可以舍弃一切，他们认为金钱是万能的，于是，在不断追逐金钱的过程中，失去了很多更为重要的东西。然而，我们还要说的是，金钱并不能代替一切，除了金钱外，还有很多更重要的东西，比如，健康、亲情、友情、纯净的心灵等。

我们先来看看下面的故事。

有个成功的企业家，他的成功可谓是一路艰辛。他从十几岁就开始给别人帮工，每天都是早起晚睡的，整天都是忙忙碌碌，好像他就没有休息过，也没有参加过任何的娱乐活动。在那段日子，他的梦想是，将来自己有一间铺子就好了。

几年后，他终于开了一间铺子，生意不错。此时，他告诫自己，不能放松，于是仍然起早贪黑，匆匆忙忙，休息时间更少了。他想，等将来生意做大了就好了。

又过了几年，他的生意果然做大，拥有了数间很大的门市，每天货进货出，几百万元的资金流动让他更不敢放手给别人去做，还是自己苦拼，自己联系货源、接待客户、管理账目……没日没夜，忙得如有狼在后面追一般。看他真的好辛苦，有人就劝他："你放一放可以吗？好好地休息一天，看看世界会不会大变！"

他回答："不行，我不做时，别人会做的，前面的那些大户们我会追不上的，后面一些中小户又逼上来，放一放，我会落在后面的。"

终于有一天，他累倒了，被迫躺在病床上不能动了，以前高速运转的日子一下停下来，他终于可以静静地想一下匆匆而过的人生了。有一次，他看到一个病人被抬进手术室再也没回来，那个病人很年轻，刚刚还与自己谈过出院后要去旅行。他看着对面空空的病床，心不由一震，顿时大彻大悟了：人由生到死其实只是一步的事，这一步，自己却走得太过沉重啊！一直以来，自己的名利心太重，想要的太多，然而真正得到的却很少。如果不是这次病倒，他会一直拼到五十岁、六十岁，甚至更久，没有娱乐，没有休息，最后两手空空地离开这个世界，这是一件多么可悲的事啊！康复后，他像换了一个人似的，生意还在做，只是不那么拼命了，他不再去追前面的大户，也不怕后面的小户追上来，甚至错过一笔很有赚头的生意也不会在意。人们还经常可以在高尔夫球场上看到他，有时他也慷慨地与他的家人坐飞机到外地旅游。

他终于懂得了生活的意义，终于找到了所谓的"放下"这颗人生中最宝贵的钻石。

生命如此脆弱，假如你有一个“行千里路”的梦想，却被周遭的事物牵绊住的话，那么终有一天，生命会因不堪重负而轰然倒塌，而你的梦想从未实现。我们千万不可因追逐金钱而牺牲了健康。

人们常说，生命的意义不在于其长度，而在于其宽度和高度，这句话是对生命意义的高度抽象化的概括。我们一直在苦苦地思索着怎样才能使生命有意义，这其实很简单，那就是树立一种积极、乐观的生活态度。不同的人有不同的人生态度，但那些乐观的人往往都能放下那些束缚自己手脚的一事一物，向往自然洒脱的生命状态。而这些都是金钱所不能给予的，需要我们去感知和体会。

的确，人生本就是一场梦，须臾即逝，因此，大可不必整日忙着追逐金钱，功名利禄其实都是带不走的虚无缥缈的东西，我们更应该关注自己的心灵，关注快乐、健康等，你会发现，你的人生充满乐趣、五彩缤纷。带着一颗轻盈的心去感知人生，你的心中永远有用不尽的激情，眼睛里时时刻刻都是新鲜的风景，这样的生活不禁会让我们萌生无限的遐想和向往。让我们在清晨的阳光下上路，追随着潇洒者的足迹，一起感悟那些在路上折射出来的不尽的哲思之美。

将财富用在正途上

有人说，在人类的灵魂里，同时住着魔鬼和天使，他们一直在角斗。魔鬼，一定代表罪恶。天使，一定代表善良。魔鬼与天使的差别往往只是一念之差，一步之遥。那么，年轻的你，心里住着的是魔鬼还是天使呢？

洛克菲勒说：“金钱可以用来做坏事，也可以是建设社会生活的一项工具。”确实，能否将金钱花得有意义，也在我们一念之间，但为善还是为恶，是可以通过思维控制的，而善意的思考和恶意的思考自然而然就导致事物最终走向不同的结果。

给予是健康生活的奥秘。生活中的人们，当你从投资中获得财富的时候，如果你能将其贡献于社会，勇于建设社会，帮助那些需要帮助的人，那么，你的内心一定能获得一份满满的快乐。在洛克菲勒的家信中，他讲述了自己曾做的一件有意义的事：

洛克菲勒的标准石油公司曾被西奥多·罗斯福先生开出一张巨额发当，并下令将公司解散，这确实让洛克菲勒很愤慨。他曾经说：“我相信我们所有的公司不是垃圾，我们有杰出的管理队伍，有充足的资金，我们可以抵御任何风险与打击，我们的财富将因它们健康的肌体滚滚而来。等着瞧吧！我们会有暗自窃喜的时候。”

后来，美国发生了严重的信贷危机，所有银行都排满了人，民众已经对政府失去了信心，联邦政府无力保证黄金储备，华盛顿转而向摩根先生求助，但摩根无能为力。

此时，作为被人们称为“钱袋先生”的洛克菲勒觉得自己应该做点什么了，于是，他打电话给斯通先生，请美联社引用他的话，告诉美国民众：“我们的国家从不缺少信用，金融界的有识之士更以信用为生命，如果有必要，我情愿拿出一半的证券来帮助国家维持信用。请相信我，金融地震不会发生。”

终于，华尔街逐渐走出困境，洛克菲勒也受到了媒体和政府的高度嘉奖，就像《华尔街日报》评论的那样，“洛克菲勒先生用他和声音和巨额资金帮助了华尔街”。

洛克菲勒告诉自己的儿子，无论是报纸还是周围的人，都对那些在金钱上慷慨的人大加赞誉，但帮助别人，不是为了获得赞誉，而是为了获得良心的平静。

事实上，洛克菲勒一直是一个心系国家的人，在四十多年前，当大家都在为解放黑奴而战斗的时候，他因为公司刚开业而未能参展，这件事一直萦绕在他内心，让他良心不安，因为他认为当祖国需要自己时，自己未能尽一份力。而信贷危机时，他认为自己该出一份力了。

洛克菲勒并不因为自己的这一举动而自命不凡，因为他明白，自己是公民，而且有巨大的财富，所以他承担着比常人更大的社会责任，比拥有巨大财富更崇高的是，按照祖国的需要为祖国服务。

因此，他经常教育自己的子女："我们是有钱，但在任何时候，我们都不该肆意花钱，我们的钱只用在给人类创造价值的地方，而绝不能给任何有私心的人一点点好处。"

有人说，名誉和美德是心灵的装饰，如果没有它，即使肉体再美，也不是真正的美。洛克菲勒虽然拥有巨大的财富，但却始终不忘自己作为一个公民和社会人的责任，正如他所说的，在国家社会需要帮助时慷慨解囊，是为了让自己安心。

或许你会认为，我只不过是个普通人，也只是通过投资赚了一点钱而已，哪里能和那些伟大人物相比？这里，你需要明白的是，心智的磨练和人格的提高都应来源于日常生活，只要我们从身边做起，多关心国家大事、社会新闻，多关心慈善事业，多为他人伸出援助之手，那么，哪怕你只捐出一块钱，哪怕你只是简单地拾起了马路上的一片废纸，你也是高尚的！实际上，我们生活的周围一直都不缺乏那些为他人、为社会贡献力量的善良的人。比如，2008 年，汶川地震后，多少热血青年身赴灾区，帮助那些深陷困境中的人们、支援灾后重建工作；很多创业者成为成功的企业家后，不忘回馈社会，用自己的绵薄之力支持慈善事业；一些闹市中的青年们，在忙碌之余，会带上自己的爱心来到孤儿院、敬老院，为他们带来欢乐……善心是人类与生俱来的本性。

的确，人的内心充满至深至纯的幸福感，不是在满足自我，而是在满足了他人的时候，自己的观点也得到了认同。而且，聪明的人应该能注意到，奉献于他人并不仅仅是对他人有利，还将有利于自己。

总之，金钱的作用是微妙的，它可以是罪恶的根源，也可以是善心的延伸。任何一个渴望从投资中获得财富的人，都要学会正确看待金钱，并将获得的财富用在正途上，如此，你不仅能得到美誉，还能得到良心的安宁。

第14章 先做人后投资，投资与做人异曲同工

相信每一位投资者都知道心态对投资的重要性，然而，投资如做人，任何一个投资高手相信都能从做人的道理中找到投资的心得。所以，我们在投资中，不仅要积累基础投资知识，学习投资技能，更要修炼我们的心性，让自己拥有一个良好的心态——乐观、积极、辩证等，这样才能活好当下，全身心投入到我们现在的投资中。

投资如做人，要修炼好自己的德行

每一个人生活在现实社会中，都希望自己有所成就，也有很多人为了心中的梦想，付出了很多努力，然而，并不是所有人都能满载而归。这并不是说他们付出得少、不够勤劳。那么，到底是什么导致了这样的结局呢？这值得我们每一个人去认真思考。对此，稻盛和夫曾经说过："一个人不管有多聪明，多能干，背景条件有多好，如果不懂得如何去做人、做事，那么他最终的结局肯定是失败。做人做事是一门艺术，更是一门学问。很多人之所以一辈子都碌碌无为，那是因为他活了一辈子都没有弄明白该怎样去做人做事。"

因此，现实生活中的任何一个年轻人，都应该记住这句话，先学好如何做人做事，并努力学习正确的做人哲学。

的确，从表面上看，做人做事似乎很简单，有谁不会呢？以投资为例，不少投资者也是每天努力分析投资旱情，可为什么后来失败了，赔钱了？你能说他不努力，不勤快么？而为什么有的投资者成功了？这是因为他们有个好心态，坚持正确的做人原则：不撒谎，不贪心，不给他人添麻烦，为人正直。我们要想取得成功，也要学会做人做事的方法。其实，投资如做人，需要我们好好修炼自己的德行。

然而，我们发现，一些投资者在投资失利以后，就抱怨政府、抱怨市场，而从不自我反省，而一旦盈利了，就嘲笑其他投资者。这种心态就是不可取的，要知道，良好的心态是投资者的无形财产。

孟子有云："诚者天之道也，思诚者人之道也。"天之道就是自然之道。

自然界的一切，宇宙万物都是实实在在的，真实的，没有虚假。真实是宇宙万物存在的基础，虚假就没有一切。所以说“诚”是天之道。人之道，是指做人的道理或法则。

世间万物，都有其一定的生长规律，人类社会也有其生存之道，做人做事更有其一定的规则，凡事顺其道才能事半功倍，违背法则必然得不到好的结果。身为一个社会人，无论我们遇到什么，都要记住自己的信念，不能改变自己的做人原则，而归结起来，其实也就是责任的问题。投资中，我们不仅要把工作当成赚钱的工具，更要当作一份事业去经营，怀着对自己负责的态度，那么这个人不可能不成功。

一天夜里，已经很晚了，一对年老的夫妻走进一家旅馆，他们想要一个房间。前台侍者回答说：“对不起，我们旅馆已经客满，一间房也没有了。”看着这对老人疲惫的神情，侍者又同情地说：“但是，让我来想想办法……”

后来，好心的侍者将老人引领到一个房间，说：“也许它不是最好的，但现在我只能做到这样了。”老人见眼前其实是一间整洁又干净的屋子，就愉快地住了下来。

第二天，当他们来到前台结账时，侍者却对他们说：“不用了，因为我只不过是把自己的房间借给你们住了一晚。祝你们旅途愉快！”原来，侍者自己就在前台值了一个通宵的夜班。

两位老人十分感动，说：“孩子，你是我们见过的最好的旅店经营人，你会得到报答的。”侍者笑了笑，说这算不了什么。

没想到有一天，侍者接到了一封信函，打开一看，里面有一张去纽约的单程机票并有简短附信，聘请他去做另一份工作。他来到纽约，按信中所标明的路线来到一个地方，抬眼一看，一座金碧辉煌的大酒店耸立在他的眼前。

原来，几个月前他接待的是一个有着亿万资产的富翁和他的妻子。他们为侍者买下了这个酒店，并深信他会经营好它。

这就是全球赫赫有名的希尔顿饭店首任经理的传奇故事。种善因，结善果。人生就是一条充满磨难的旅途，仅仅看重一点蝇头小利，是不会得到长期事业的。仅仅因为磨难，你就改变了自己的价值观，偏离了正确的人生轨道，原本跟你志同道合的朋友就都离你而去，所谓“得道多助，失道寡助”说的就是如此。没有善缘，凭一己之力，岂能成功呢？！

当然，可以这么说，做人做事是一门涉及现实生活中各个方面的学问，单从投资这一方面入手研究，不可能窥其全貌。我们若要掌握这门学问，抓住其本质，就必须对现实生活加以提炼总结，得出一些具有普遍意义的规律来，这样才能有章可循，而不至于迷然无绪。

投资要变通，适应市场变化才有出路

生活中，我们经常听到有人说：“做人要变通。”意思是我们做人不能一条道走到黑，而要懂得审时度势，懂得根据具体的环境改变自己的行为方式。其实，投资何尝不是如此呢？

我们不管做什么投资，都不能盲目跟随他人，他人投资某一行业可能赚钱，但我们自己去做的话，就未必了。我们每个人都要根据自己的能力、特长以及当时的市场环境来制定投资规则。要知道，并不是别人成功，你就一定行。

变通思维是创造性思维的一种形式，是创造力在行为上的一种表现。思维具有变通性的人，遇事能够举一反三，闻一知十，做到触类旁通，因而能产生种种超常的构思，提出与众不同的新观念。科学领域中的任何建树，都需要以思维的变通为前提。一般来说，变通思维用好了，就会起到一种“柳暗花明”的奇妙作用。

有这样一个案例。

电影界突然一窝蜂地拍摄有动物参加演出的影片。虽然大家几乎是同时开拍，但是其中有一家，不但推出得早了许多，而且动物的表演也远比别人精彩，这是为什么呢？

原来，这位导演在同一时间找了许多只外型一样的动物演员，并各训练一两种表演。于是当别人唯一的动物演员费尽力气也只能演几个动作时，他的动物演员却仿佛通灵的天才一般，变出许多高难度的把戏。而且因为他采取好几组同时拍的方式，剪接起来立刻就可以将电影推出。观众只见其中的小动物爬高下梯、开门关窗、卸花送报、装死促狭，却不知道全是不同的小动物演的。

这个世界上没有任何事是一成不变的，世界上也没有死胡同，关键就看你如何去寻找出路。而改变事物的现状就是运用思维的力量，思路一变方法来，想不到就没办法，想到了又非常简单，人的思维就是这样奇妙。有一句话说得好："横切苹果，你就能够看到美丽的星星。"

有个在马戏团做童工的小男孩，他的工作是负责向看马戏的客人推销小食品。但每次看马戏的人不多，买东西吃的人更少，尤其是饮料，很少有人问津。这下可怎么办呢？没人买东西，意味着他的收入惨淡，他也可能面临失业。

在不知道如何是好的时候，突然有一天，他突发奇想：向每个买票的人赠送一包花生，借以吸引观众。但老板不同意这个"荒唐的想法"。他就用自己微薄的工资作担保，恳求老板让他试一试，并承诺说，如果赔钱就从工资里扣，如果赢利自己只拿一半。于是，马戏团外就多了一个义务宣传员的声音："来看马戏，买一张票送一包好吃的花生！"在他不停地叫喊声中，顾客比往常多了几倍。

观众们进场后，他就开始叫卖起柠檬水等饮料，而绝大多数观众在吃完花生后觉得口干时都会买上一杯。一场马戏下来，他的收入比以往增加了十几倍。

故事中的小男孩，在面临自己的推销工作即将失去、没有收入的情况下，他立即想到了另外一种推销方法：先免费赠送花生，使得观众先"占他的便宜"，进而由于口渴而不得不主动买他的汽水。这种方法无意间就推动了他的销售。如果他总是用一直使用的方法，被动地等待客人来买饮料的话，他的工作成果肯定没有任何改观。

当然，要适应市场变化，我们还要做到：

1. 积累投资知识，厚积才能薄发

我们羡慕那些投资高手的“大手笔动作”，他们似乎一出手就能赚到钱，而且，无论市场行情怎么变化，他们总是能引领投资风向，赚个满满当当。而其实，我们要想学习到这样的投资技能，首先还是要积累知识。万变不离其宗，只有掌握扎实的投资知识，我们才能透过现象看本质，找到应变市场的方法。

2. 时刻关注市场，了解前沿投资信息

任何投资动态的发生都离不开市场的变化，所以，我们在分析投资动态的时候，还是要以市场为风向标。

总之，在投资行业，我们每个人都要学会自我突破，都要学会变通，这就如同做人一样，或许现在还没有财富奇迹的发生，但至少你已经学习到了科学的思维方式。

投资要学会留有余地

人生在世，无论是谁，都避免不了这两条：一为说话，二为做事。无论是说话还是做事，都必须既有条又有理。这其中的条例，即为“度”的把握，也就是人们常说的分寸问题。说话做事懂得把握分寸，懂得给自己留条退路，这是成功的可靠基础。

中国人有句极具哲理的话：“话不说满，事不做绝。”这也是要求我们在说话、做事方面把握好分寸，留有余地，而往大的方面说，这是一种适度原则与中庸智慧。

生活中的人们，尤其是那些投资者，也要吸取这一智慧，身处投资市场，我们必须要让自己有路可走，比如，什么时候卖出，什么时候买进，任何时候都要给自己留有余地，不然灾难很有可能迅速来临。

另外，投资中，我们还要学会一点：细水长流、量入为出，以防不测的风险，这是投资的技巧。我们不仅要看到投资的正面效应，还要看到投资的风险，无论市场行情如何，我们都要不断地学习。

再来看另外一个民间故事。

在明朝时期，尤老翁在苏州城里开了一个典当铺。这位尤老翁平时最懂得忍耐，因此，无论是街坊邻居，还是外来客人，都喜欢跟他打交道。

有一年快到年关的时候，尤老翁正在屋里盘账，忽然听到外面有吵闹的声音，于是就匆忙地跑了出去。到了柜台，他看见穷邻居赵老头正在与自己的伙计吵架。尤老翁明白，这个赵老头是一个蛮不讲理的人，他没去问个究竟，就先将伙计们训斥了一遍，然后好言向赵老头赔个不是。然而，赵老头表情依然像刚才一样，丝毫不给尤老翁面子，还是板着脸孔，站在柜台前不说一句话。

这时，心中委屈的伙计悄悄对老板说："老爷，他前些日子当了一些衣服，现在他不还当衣服的钱，却硬是要将衣服拿回去。我要向他解释，他竟然破口大骂，我真的不知道该怎么办才好。"尤老翁也知道不是自己伙计的过错，他先吩咐伙计去照料其他的生意，而他自己亲自来应付这个蛮不讲理的赵老头。忽然，他头脑中想到了办法，快速走到赵老头的旁边，语气恳切地说："老人家，不要再对刚才的事情耿耿于怀了，不要跟我的伙计一般见识，你就消消气吧。大家都是熟人，我不会介意这种小事的，衣服你就拿过去穿吧。"

不等赵老头回答，尤老翁就吩咐伙计将其典当的衣服拿过来。但赵老头似乎一点也不感激，拿起衣服就走。而尤老翁并不在意，而是含笑拱手将老头送出大门。然而就在这天夜里，那个赵老头竟然死在了另外一家典当铺里。

原来，这位赵老头负债累累，家产早已经典当一空，走投无路之下，他寻了短见。他预先服下了毒药，然后来到尤老翁的当铺吵闹，想以死来敲诈钱财，没想到尤老翁一向善于忍耐，宁愿自己吃亏也不跟他计较，他觉得敲诈这样的人实在不忍心，就决定离开尤老翁的典当铺。就这样，他来到了另外一家当铺，结果毒性就发作了。后来，赵老头的亲属向官府控告这家店铺逼死了赵老头，与他打了好几年的官司。最后，那家店铺筋疲力尽，花了很多钱才将这件事摆平。

后来，人人都说尤老翁料事如神，可尤老翁说："我并没有想到赵老头会走到这条绝路上去。我只是觉得，凡事多退一步，给人留一步，也是给自己留条退路。”

这样一个普通的民间老翁却是一个生活的智者，他的做法为自己免了一场灾难。他的这种心态可谓是能屈能伸、方圆做人的至高境界了。

在投资市场，我们做事也不可太狂妄，更不能欺人太甚，要学会给自己留后路，在操作中，也不必忿恨不已，或冲动地做出让自己后悔的憾事。然而，我们不难发现，一些投资者，他们在投资中逞强好胜，在得意之时嚣张跋扈，丝毫不给失意之人机会。实际上，这是为自己断送了退路。

所以，做事不要走到尽头，要懂得给自己留条退路。投资中，如果把事情做得太绝，必会急火攻心，一败涂地。说话做事讲求弹性，把事做得更加灵活，进退得宜，无论在社交还是求取成功的过程中，你都会如虎添翼！

遵守规则和原则，不轻易更改

在社会生活中，我们不管干什么，都要有自己的立场和原则。如果一味地迁就、顺从别人，实际上是软弱的表现，最终也会失去行动的方向。同样，投资中，我们也要制定一套适合自己的规则，这就好比做人要有原则一样，需要我们坚持下去。这样，面对外界的纷纷扰扰，我们都能朝着既定目标往前走而不被打扰。

投资中，我们要获得财富，固然要灵活变通，要借助思维的力量。然而，任何投资交易都是有一定的规则的，如果我们每个人都胡乱交易，投资市场也会陷入混乱之中。

著名的乔治·巴顿将军以骁勇善战闻名于军事领域，除此之外，他还是森严军纪治军的代表。在巴顿看来，作为军队的领导，必须要让下属信服，而如果自己都做不到严于律己的话，那就是潜在杀人犯。他认为指挥官的放肆言词是锻炼学员的手段之一，“没有粗俗劲就无法指挥军队”。为此，巴顿从日常作风抓起，以使军容严整，作风过硬。

首先，巴顿以身作则，他每每出现在兵士面前时，都是衣冠整洁、合体，展现了他独有的军人风度，给人以一个雄壮威严、神气勇猛的形象。

其次，为了做到令行禁止，巴顿时常亲自出去抓一小撮违令者，以起到警戒部下的目的。

二战期间，他发布了强制性的着装令：凡在战区，每个军人都必须戴钢盔、系领带、打绑腿，后勤人员亦不例外。对于违反此命令者规定了罚款数额：军官 50 美元，士兵 30 美元。巴顿半开玩笑地说："当你要动一个人腰包的时候，他的反应最快。"

尽管如此，但违禁者总还是有的。巴顿在了解后，会亲自带人四处巡视，把不执行命令的人强制集中起来，进行训斥，话语不免十分粗鲁："各位听着：我决不会容忍任何一个不执行命令的兔崽子。现在给你们一个选择的机会，要么罚款 25 元，要么送交军事法庭，并记入档案，你们自己看着办吧！"这些士兵只好乖乖认罚。

巴顿能在 11 天内改变一支部队的执行力，依靠的就是对"纪律、责任、荣誉"的强调。一个士兵如果不服从于纪律，执行力就没有保障。执行不是嘴上说说就可以，而是在遵守纪律的前提下、在服从指挥的前提下去完成任务。

的确，作为军队，必须有铁一般的纪律，才有凝聚力和战斗力；每个人在遵守纪律和服从命令的前提下去完成任务，军队才可能战无不胜。投资中，我们也要重视规则和原则，比如，一个正规的投资交易市场一定有完善的章程，这是维系一个交易市场正常运作的纽带。如果我们不遵守规则就会让其陷入松散状态，长此以往，交易也无法进行下去。

我们也常听长辈们说，做人要有原则。原则是我们行为的准则，能让我们始终找准自己的位置，不至于迷失。"二战"时的盟军总参谋长马歇尔是一个"国际组织者"，他之所以能胜任这个工作，很大程度上是因为他的刚正不阿。

马歇尔的小儿子艾伦在北非服役，马歇尔特地给当地长官打招呼，不要因为他的关系而给艾伦以任何照顾。妻子凯瑟琳抱怨说，这对他不公平。马歇尔说，这没有办法，他不能让人们怀疑参谋长为自己儿子谋取好处。

1944年5月29日，艾伦不幸在一个名叫韦莱特里的小村被一名德国狙击手击中身亡。在儿子的追悼会上，马歇尔只能握着儿媳妇的手老泪横流。

长子克里夫顿也在北非服役，他原本就有脚病，因此想请假回国治病，并乘机调至意大利。马歇尔闻讯后大怒，立即给驻阿尔及利亚的斯特耶将军去信说："他在那里还不到一年。我不给张三李四办的事，也绝不给他办。成千上万的军官已在海外服役两年以上，其中有些人多次患病，要求回国，给国家造成很大压力，我决不能为我自己的亲人开后门。"

克里夫顿的事就这样被卡住了。

马歇尔是令人敬仰的。从马歇尔的一生可以看出，恪尽职守的精神一直是他不竭的动力源泉。

既然遵守纪律是坚持原则的一部分，并对个人乃至集体的发展有如此重要作用，那么，我们该如何遵守规则呢？

1. 时刻要保持清醒的头脑，经受住诱惑

当今社会，无论哪个领域，诱惑都是存在的。诱惑能对那些意志不坚定的人产生作用，甚至毒害他们的思想。为此，你需要记住的是，天上不会掉馅饼。只要抱着这样的想法，你也就能保持清醒的头脑了。

2. 自我约束，不为自己找任何可以违规的借口

自我约束是一种值得特别关注的性格品质，它贯穿于模范地履行职责和个人行为的所有方面。当你具有强烈的纪律意识，在不允许妥协的地方绝不妥协，在不需要借口时绝不找任何借口时，你会猛然发现，你已经成为了一个有原则、刚正不阿的人了。

总之，无论是投资，还是做人，都要自觉地严格约束自己，时刻将纪律放于心中，以获得更完满的自由。相反，无视纪律、对抗规则的人，常常受到规则的惩罚，到处碰壁，甚至付出全部自由的代价。

第15章 善于等待，持久的忍耐为你带来新的契机

投资行业的任何一位成功者都有这样一个品质，那就是善于忍耐，尤其是还未成功前或者面对投资失利的情况下，他们更能做到自律，并在暗中积极准备、积累知识，以此等待转变局势的机会。善于等待不仅是一种平和的心态，更是一种智慧，当他们迎来新的投资契机时，他们的能力和智慧就得到了验证。

你必须承受成功之前的寂寞

在前面的章节中，我们分析过，投资路上绝不可人云亦云，而要有自己的观点，要自己分析市场行情，所以，成功的投资者几乎都是孤独的。的确，这考验的就是我们的忍耐力。有时候，为了等待某个投资的转机，或许我们要忍受很多的非议、不理解，但“百糖尝尽方谈甜，百盐尝尽才懂咸”。我们只有熬过了这段时间，才会收获财富和成功。

在哈佛有一句名言：“请享受无法回避的痛苦，比别人更早更勤奋地努力，才能尝到成功的滋味。”事实上，自古以来的许多卓有成就的人，大多是抱着不屈不挠的精神，忍耐枯燥与痛苦之后，从逆境中奋斗挣扎过来的。

有本书上曾经这样说：“能够忍受孤独的，是低段位选手；能够享受孤独的，才是高段位选手”。诚哉斯言！不同的人生态度，成就了不同的人生高度。忍耐正是一种崇高的人生境界，古人曾作的《百忍歌》中有这样的句子：“忍得淡泊养精神，忍得勤劳可余积，忍得语言免事非，忍得争斗消仇冤。”忍耐不是软弱，反而是一种大度。忍耐也并不是妥协，而是一种胜利。在生活中，学会审视一下自己，我们根本没有理由对周围的一切都那么苛刻，要学会忍耐，这样会让生活变得更加轻松。

1832 年，毕业于哈佛大学的林肯失业了，这显然使他很伤心，但他下定决心要当政治家，当州议员。糟糕的是，他竞选失败了。在一年里遭受两次打击，这对他来说无疑是痛苦的。接着，林肯自己着手开办企业，可一年不到，这家企业又倒闭了。在以后的 17 年间，他不得不为还企业倒闭时所欠的债务而到处奔波，历经磨难。

随后，林肯决定再一次参加州议员竞选，这次他成功了。他内心萌发了一丝希望。认为自己的生活有了转机："可能我可以成功了！"

1835 年，他订婚了。但离结婚的日子还差几个月的时候，未婚妻不幸去世。这对他精神上的打击实在太大了，他心力交瘁，数月卧床不起。1836 年，他得了精神衰弱症。

1838 年，林肯觉得身体良好，于是决定竞选州议会议长，可他失败了。1843 年，他又参加竞选美国国会议员，但这次仍然没有成功。林肯虽然一次次地尝试，但却是一次次地遭受失败：企业倒闭、情人去世，竞选败北。要是你碰到这一切，你会不会放弃？放弃这些对你来说是重要的事情？

林肯没有放弃，他也没有说："要是失败会怎样？"1846 年，他又一次参加竞选国会议员，最后终于当选了。两年任期很快过去了，他决定要争取连任。他认为自己作为国会议员表现是出色的，相信选民会继续支持他。但结果很遗憾，他落选了。因为这次竞选他赔了一大笔钱，林肯申请当本州的土地官员，但州政府把他的申请退了回来，上面指出："做本州的土地官员要求有卓越的才能和超常的智力，你未能满足这些要求。"

接连又是两次失败，在这种情况下你会坚持继续努力吗？你会不会说"我失败了"？然而，林肯一直没有放弃自己的追求，他一直在做自己生活的主宰。1860 年，他当选为美国总统。

亚伯拉罕·林肯在竞选参议员失败后曾说过这样一句话："此路艰辛而泥泞。我一只脚滑了一下，另一只脚也因而站不稳，但我缓口气，告诉自己'这不过是滑一跤，并不是死去而爬不起来'。"确实，一次失败并不会让你一无所有，相反，因为内心的忍耐力，你会得到宝贵的经验去开始下一次尝试。

因此，我们可以说，忍耐枯燥与痛苦是成功的必经之路。投资中何尝不是如此？投资中有盈利就有亏损，有获利就有风险，总之不是一帆风顺的。在这个过程中，就需要我们去忍耐其中的枯燥与痛苦，甚至是失败。这一切都需要忍耐，如果没有坚强的意志力，就难以忍受，最后就不能获得成功。

别败给自己的贪婪

我们都知道，人的精力是有限的，我们只有懂得舍弃，做最适合自己的事，才能身轻如燕地前行。其实，我们在生活中，经常会面临很多选择，而有选择自然就会有放弃。因为鱼与熊掌不可兼得，那么，哪个会被你忍痛割爱？人生旅途中，我们经常会遇到三岔路口，又该何去何从？

对此，我们始终要记住的一点是，这个世界的每一个角落里都充满了诱惑。各种各样的诱惑像空气一样，无所不在，无孔不入。我们只有始终告诫自己别贪婪，才能找到自己的位置，才不会迷失自己。

在投资中，我们最忌讳的也就是贪婪。因为贪婪，我们不断地追逐利润，而在欲望逐渐侵蚀内心的过程中，我们会失去理智，进而不断地投资，而忽略了其中可能存在的风险，稍有不慎，就会出现问题。

有这样一个很有趣的故事：

在仙雾缭绕的山中，有一位仙子，她有伟大的神力，可以决定什么花开成什么颜色、什么样子。有一朵蓓蕾，它非常美丽，很受仙子喜爱，仙子给了它优先选择颜色的特权。然而，令仙子失望的是，蓓蕾因为选择太多，又一直拿不定主意。在花季过了之后，仙子在山谷中发现了她——一朵未及开放便枯死了的蓓蕾，只是因为她选择太多却始终无法做出选择。

这朵蓓蕾为什么会最终凋谢？就是因为它什么都想得到，最终错过了花期。其实，我们人类何尝不是在重复着这样的悲剧呢？

“贪者，恶之大也。”“祸莫大于不知足。”“非智之不足，非技之不胜，利令智昏，贪婪之心，才是天下祸机之所伏。”贪婪是人性的一大弱点。一般而言，贪婪心理的形成主要源于错误的价值观念：认为社会是为自己而存在，天下之物皆为自己拥有。这种人存在极端的个人主义思想，是永远不会满足的。他们会得陇望蜀，有了票子，想房子，有了房子，想位子，从不会满足。于是，他们陷入了无止境的欲求之中，一旦自己的欲求满足不了，就开始产生焦虑情绪，又有何快乐可言？

不管你是在温室中成长，还是在困苦中挣扎，欲望都会存在于你的心中。欲望可以成为我们的信念，支撑我们渡过难关，但是欲望也像鸦片，容易上瘾。皮埃尔·布尔古说过：“人们常常听到这样一句话：‘是欲望毁了他。’然而，这往往是错误的。并不是欲望毁了人，而是无能、懒惰，或糊涂。”

从前，一家弟兄三人，老大是笨蛋一个，四十好几的人，还是光棍一个。整日里破衣烂衫，连一身像样的衣服都没有。有人问他：“你最大的心愿是什么？”他情不自禁地脱口而出：“要随我意，天天新衣。”

而老二，则是衣食无缺，只是长相太丑陋，又找了一个比他还要难看的女人为妻。所以，当问到他的心愿时，他就迫不及待地说：“要随我心，天天娶亲。”

而老三由于经营有方，再加上天资聪慧和时来运转，已经是远近闻名的富豪了。当人们问他有什么心愿时，他却毫不顾忌地说：“要随我心，挖一窨金。”……

这是个故事，但从中足可以深刻地看出人的贪婪之心。“人心不足蛇吞象”，多么贴切的比喻。贪婪之心，就像是一个恶魔，一旦附身，就会让人难以善终。仔细再想，其实我们每个人又何尝不是如此呢？读过这个故事，我们都应该好好地反思一下了：投资中我们怎样才能摆脱贪婪之心呢？

1. 警示自己

我们可以以投资失败者的事例来警示自己。不少投资者因为贪婪，在股市被套牢；因为贪婪，在投资市场违规操作等，到头来后悔晚矣。我们要以这些事例时刻警示自己，消除贪婪心理。

2. 自我反思法

你需要远离喧闹，找个安静的地方，然后拿出一张纸，写出你最近所做出的每一笔投资，然后进行细细分析，看哪些投资是合理的、正确的，哪些是不合理的，是被欲望驱使的，这样就可明确贪婪的对象与范围，最后对造成贪婪心理的原因与危害作较深层的分析。

3. 常保知足之心

人们常说："知足常乐。""知足"就不会心生邪念，而"常乐"也就能保持心理平衡了。

总之，我们都是平凡的人，我们并不能做到真正地摒弃功利，甚至连哲学家们自己似乎也极不愿意摒弃人性的这一弱点，但功名欲是人类一种不合情理的欲望，我们若想让投资之路走得更远，更应该控制自己的贪婪之心，少点欲求，就会少一分焦虑！

稍作等待，相信自己一定能成功

生活中，可能我们有这样的体会：我们在等人的时候，望眼欲穿，可对方偏偏不见踪影，正当我们准备离开的时候，他却姗姗来迟；当你就要放弃手头的这道难题时，却灵光闪现，顿时你豁然开朗，一举攻破这道难题……这些最后一刻出现的惊喜和成功，往往让人倍加高兴，你更庆幸的是，你没有放弃，而是静下心来等待。其实，投资中何尝不是如此呢？比如，当股市低迷，大家都全身而退的时候，你抱着试试看的心理，就在最后一刻出现了转机。很多事，不要过早下结论，也不要人云亦云，尤其是当别人灰心丧意的时候，你如果坚持了自己的看法，等待转机，奇迹是可能会出现的。

的确，投资市场，有涨就有跌，有快乐也有忧愁，并且还掺杂着很多情绪，比如害怕、勇敢、软弱、恐惧等。在投资结果出来的那一秒前，我们更多的都是煎熬。

投资专家认为，任何一个投资者只要目标明确，始终保持着良好的心态，乐于学习投资知识，加上有变通的思维，将来肯定会在投资市场大有作为。或许现在的你有不少困难，但一时的困难不可怕，只要你相信自己，就会迎来转机。

马云曾说过："今天很残酷，明天更残酷，后天很美好，但大多数人死在明天的晚上，看不到后天的太阳，"投资市场确实有不少这样的人死在了明天，因为他们做不到坚持和忍耐。事实上，人生很多事也是如此，只要你有坚定的成功的愿望，就能勇敢地去克服、面对并战胜今天、明天残酷的现实，那后天的太阳一定为你升起，可如果你不这样做，那你只能“死”在明天的晚上，永远看不到后天为你升起的太阳！

在商界流传着这样一个故事。

有三个日本人，作为日本的某家航空公司的采购代表来到美国，准备和一家飞机制造公司谈判，希望能以合理的价格买进一批材料。

当然，美方也不示弱，他们为了能赢得利益，也挑选了一批谈判精英来参加这次谈判。美方的聪明之处在于，谈判开始后，他们并不是采取常规交涉的方法，而是用产品说话，采取了一系列的产品攻势。

谈判室是美方提供的，为此，他们似乎更具有优势，他们在谈判室里挂满了许多产品图像，还印刷了许多宣传资料和图片。他们用了两个半小时，三台幻灯放映机，放映了好莱坞式的公司介绍。他们很聪明，按照常规意义来说，他们这样做，一是要加强自己的谈判实力，二是想向三位日本代表作一次精妙绝伦的产品简报。可是，奇怪的是，那三个日本代表，在整个放映过程中，都静静地坐着，全神贯注地观看。

一番介绍加上放映后，美方高级主管得意地站起来，转身向三位显得有些迟钝和麻木的日方代表说：“请问，你们的看法如何？”

不料一位日方代表说：“我们还不懂。”这句话大大伤害了美方代表，他的笑容随即消失了，一股莫名之火似乎正往上顶。他又问：“你们说不懂，这是什么意思？哪一点你们还不懂？”另一位日方代表彬彬有礼、微笑着回答：“我们全部没弄懂。”美国的高级主管又压了压火气，再问对方：“从什么时候开始你们不懂？”第三位代表严肃认真地回答：“从关掉电灯，开始幻灯简报的时候起，我们就不懂了。”这时，美国公司的主管感到严重的挫败感。

为了商业利益，美方主管又重放了一次幻灯片，而且明显放慢了速度，但日方代表还是一直摇头，美国的高级主管一下子泄气了，显得心灰意冷、无可奈何。他对日方代表说：“那么，那么……那么你们希望我们做些什么呢？既然我们所做的一切你们都不懂。”这时，一位日方代表慢条斯理地将他们的条件说了出来，他说得如此慢，以至使美国高级主管像回答询问似地，毫无斗志地斜坐在那里，稀里糊涂地应答着，他的思维已经紊乱了，信念被摧毁了，根本未作什么有效反应。

结果，日本航空公司大获全胜，成果之大，连他们也感到意外。

这三名日本代表是聪明的，他们利用的就是美方不能坚持到底的这种心态，然后做了一点小小的“手脚”，让对方自乱方阵。当得意的美方代表产生挫败感、显得心灰意冷的时候，他们的目的也就达到了，此时，他们提出自己的条件，对方已经毫无招架之力。日方代表在这样一个强势的美方制造商面前，并没有认输，而是耐心地等待，最终看到了曙光并取得了胜利。而从美方代表看，他们因为没有耐心，因而输了这场谈判。

从这个故事中，我们可以看出，当我们辛辛苦苦为某件事奋斗后，如果中途退出，那么将前功尽弃，美方代表犯的就是这个错误。相反，明知不可为而为之、静静地等待，事情可能还会有转机。

总之，对于投资者来说，胜败的因素在一个人的智慧。投资中，遇到不利情况，一定要静待时机，要知道，成功总是“犹抱琵琶半遮面”、姗姗来迟的，而我们要做的就是努力加坚持！

不焦不躁，投资需要一个平和的心态

生活中，我们常祝愿他人“万事如意”，但这也只是我们美好的愿望。事实上，世事多变，雨雪风霜，人生中有许许多多我们始料不及的事情，但如果我们希望成就一番事业，就必须做到内心淡定，始终朝着目标前进。很多成功者在种种经历后，回望身后的辛酸血泪之路时都会发现，真正内心淡定的人才是最后的赢家。

同样，在投资中，最需要的也是一个平和的心态。这样，无论面对的是涨还是跌，是熊市还是牛市等，我们都能冷静面对，理智处理。事实上，在盈利的情况下，我们自然感到高兴，但是面对投资失利的情况，不是所有人都能淡然面对的。这就需要在平日里修炼自己的心性。

一位很有名气的心理学教师，一天给学生上课时拿出一只十分精美的咖啡杯。当学生们正在赞美这只杯子的独特造型时，教师装出失手的样子，让咖啡杯掉在水泥地上成了碎片，学生中发出了惋惜声。教师指着咖啡杯的碎片说："你们一定对这只杯子感到惋惜，可是这种惋惜也无法使咖啡杯再恢复原形。今后在你们生活中发生了无可挽回的事时，请记住这破碎的咖啡杯。"

这是一堂很成功的素质教育课。它告诉我们每个人，困难是无法避免的，任何惋惜与沉沦都改变不了现状，而唯有面对可以。

在致富路上，尤其是投资中，我们难免也会遇到一些痛苦、挫折、磨难，对此，我们都应该从容面对。当你困于这种不如意之中，终日惴惴不安，那生活就会索然无味。与之相反，如果你能以平和的心态去面对，把那些困难当成成功之前的小插曲，那么，你就能调节好心态。

《孔子家语》里记载：

一天，在众随从的陪同下，楚王出游。半路，他丢了弓，随从说要去找，但楚王却说；"不必了，我掉的弓，我的人民会捡到，反正都是楚国人得到，又何必去找呢？"后来，孔子听说此事，很感慨地说："可惜楚王的心还是不够大啊！为什么不讲人掉了弓，自然有人捡得，又何必计较是不是楚国人呢？"

"人遗弓，人得之"应该是对得失最豁达的看法了。就常情而言，人们都是有喜怒哀乐的，在得到一些利益或者遇到愉悦之事时，都会喜不自胜，甚至得意扬扬；而遇到失意之事时，却表现出懊恼、痛苦的情绪。而那些内心豁达的人却能看淡得失、功过荣辱，无论遇到什么，他们都能做到心平气和、冷静对待。

其实，人的一生正是因为磨难的出现才精彩。不曾遭遇失意和痛苦，那么欢乐和幸福，只能是表面的，脆弱的；经历磨难，而不能泰然处之，也就永远不会真正地、深沉地实现辉煌的人生。因此，即便你现在面临的是投资上的失利，你也必须要选择你的态度：是消极被动地害怕和逃避，还是积极主动地面对和接受？若你选择消极态度，那么，你将被局面控制，而积极主动，则能反过来控制局面。如果你希望能够通过自己的努力使自己的能量一点点变得强大，同时让自己变得更完美，就必须选择积极主动的态度，那么，逆境这朵“浮云”自然会被你驱赶出心灵的天空。

的确，那些真正的投资高手们都是荣辱不惊的，他们在面对投资上的得意和失意之时都会有一种淡然的心态，会懂得如何对待与处理问题。

首先，我们需要拥有一颗感恩的心。一些投资者面对失利，可能会怨天尤人，会抱怨市场，抱怨政府等。其实，他们没有意识到的是，真正的投资能力是在解决投资困难中历练得来的，没有困难的投资，从某种意义上来说是黯然失色的。当然，这首先需要我们经得住挫折。

再者，我们需要拥有一份平常心。人不可能总是大红大紫，不可能总是处于巅峰状态，也有可能处于低谷，也可能遭遇不顺，这就是人生，但总地来说，我们的人生是平淡的，对待平淡的人生，我们也应该让自己的心静下来。投资也是如此，用平常心面对投资，得意时你才不至于猖狂，失意时你才不至于绝望，孤独时才不会心情惆怅。

总之，做到在投资中的荣辱得失面前泰然处之，需要你在思想修养和意志磨炼上下功夫。拥有了淡然的心态，我们才能对投资中的起伏有新的感悟，才会减去很多烦恼。

第16章 向大师学习，提高你的投资技能

相信生活中的每一个投资者都想赚到金钱，都希望投资盈利，但是天上不会掉馅饼，机遇是自己创造的，也是留给有准备的人的。那些投资高手们，他们有着积极主动的致富心态，无论投资过程中遇到什么困难，他们从不熄灭内心的财富梦。本章中，我们提到的每一位富豪的成功都不是偶然，其成功背后都有一套致富方法。为此，我们也要学习他们的致富能力和良好的致富心态，然后将资本运作起来，学会“钱生钱”的方法，可以说，向大师学习是提高投资技能的重要方法。

改变世界的天才——史蒂夫·乔布斯

生活中，当我们拿起手边的 iPhone 的时候，很可能就会想到一个名字——乔布斯。史蒂夫·乔布斯生于美国旧金山，苹果公司联合创办人。2011 年 10 月 5 日，乔布斯因胰腺癌病逝，享年 56 岁。美国加州将每年的 10 月 16 日定为“乔布斯日”。

美国总统奥巴马曾说：“乔布斯是美国最伟大的创新领袖之一，他的卓越天赋也让他成为了这个能够改变世界的人。”经济参考网这样评论乔布斯：“乔布斯是改变世界的天才，他凭敏锐的触觉和过人的智慧，勇于变革，不断创新，引领全球资讯科技和电子产品的潮流，把电脑和电子产品不断变得简约化、平民化，让曾经是昂贵稀罕的电子产品变为现代人生活的一部分。”

我们都惊羡于乔布斯的成功，也有很多人研究他成功的因素，我们发现，乔布斯在创业和投资的过程中，一直坚持这样一个理念：“不要让他人的观点掩盖你内心的声音。最重要的是，要有勇气追随自己的内心和直觉。”

乔布斯还有一句脍炙人口的名言：“你的时间有限，所以不要为别人而活，不要被教条所限，不要活在别人的观念里，不要让别人的意见左右自己内心的声音。最重要的是，勇敢地去追随自己的心灵和直觉，只有自己的心灵和直觉才知道你自己的真实想法，其他一切都是次要的。”

他果然做到了。乔布斯的三大生意经：直觉、再造、专注。

1976 年乔布斯和朋友斯蒂夫·盖瑞·沃兹尼亚克成立苹果电脑公司，1985 年在苹果高层权力斗争中离开苹果并成立了 NeXT 公司，1997 年回到苹果接任行政总裁，2011 年 8 月 24 日辞去苹果公司行政总裁职位。

乔布斯被认为是计算机业界与娱乐业界的标志性人物，他经历了苹果公司几十年的起落与兴衰，先后领导和推出了麦金塔计算机（Macintosh）、iMac、iPod、iPhone、iPad 等风靡全球的电子产品，深刻地改变了现代通讯、娱乐、生活方式。乔布斯同时也是前 Pixar 动画公司的董事长及行政总裁。

他用他的成功告诉我们，即便是在科技发达的今天，对于新领域、新时空的探索、决策，我们依然倚重直觉。

乔布斯一次在苹果董事会上说："吞噬我们市场的将会是手机。"接下来，他说明，手机有了拍照功能，数码相机的市场就遭受毁灭。同样的事情也会发生在 iPod 身上，如果手机制造商将音乐播放功能加入手机。"人手一个手机，iPod 就没有用处了。"

许多人引用乔布斯所说，"我逐渐认识到直觉性的理解力和感知力，远比抽象思维和逻辑分析来得重要。"他还说："在我看来，直觉是非常有用的，比智力强大得多。对我的工作产生了巨大影响。"

事实上，除了乔布斯之外，不少成功者在追求财富的过程中，都凭直觉不只一次抓住了机会。而乔布斯对自己的品味有着深刻而恒久的信仰，深信要是自己喜欢些什么，公众也同样会喜欢。而他几乎总是对的。

为此，我们要坚信一点，要像乔布斯那样相信自己的直觉，为此，你若想获得成功，想获得财富，就要做到：

1. 不要总是指望朋友帮你做决定

一两次倒也无妨，但你若长时间期望朋友为你作决定，那么，对方也会产生心理压力，因为即使在保证决定正确的情况下，他也要承担后果。所以，真正的好朋友是在你自己下完决定后，或在下决定时，他在旁边给你建议，而不是决定你该怎么做。

2. 不要让任何人的意见淹没了你内在的心声

如果你有经验，你会发现，有时候，那些看似聪明的人给你的意见却是错误的，为什么呢？因为他并没有你了解事情的方方面面。更重要的是，这些意见都是出于他自身的价值观。而你不应该活在别人的价值观里。

另外，也不要在意别人对你的看法。“一千个作者，就有一千个哈姆雷特”，不同的人所处的位置、价值观不同，你不可能永远调整自己让所有的人都接受你。你应该倾听自己内在的良知的声音，寻找到属于自己的人生意义，然后勇往直前坚持到底。

总之，我们需要记住的是，一个人只有靠自己的双手奋斗、靠自己的双脚前进，才能真正成长起来。

创新为王——比尔·盖茨

我们都知道，自古以来，人类就是在不断的创新中不断进步的，可以说，人类如果没有创新，只会停滞不前。同样，作为单个人，如何保持思考创新，直接关系到一个人的事业成败，因为只有创新才能激活自己全身的能量。有效的创新会点燃人生火花，成为生存的梦想和手段。谁有创新思想，谁就会成为赢家；谁要拒绝创新，谁就会平庸！

同样，渴望投资成功的人们也需要明白一点，只有创新才能带来财富，有创意才会有生意，只要你敢于创新，你就会与众非凡。

其实每个人都有自己的创新意识，只是有的时候处于隐蔽状态，未曾开发出来而已。因此，新时代的年轻人们，只要你敢于突破常规、敢想敢干，一样能够突破自我。

在《福布斯》排行榜上，盖茨从1995年至2007年蝉联世界首富，2008年排名世界第三，2009年又一次成为世界首富，2010年以微弱劣势降至世界第二。2011年9月，比尔·盖茨登上2011年《福布斯》400位最富有美国人排行榜榜首，这已经是他第18年名列榜首富。2012年美国《福布斯》网站发布全美富豪排行榜，比尔·盖茨连续19年领跑，净资产660亿美元。

他是一个天才，13 岁开始编程，并预言自己将在 25 岁成为百万富翁；他是一个商业奇才，独特的眼光使他总是能准确看到 IT 业的未来，独特的管理手段使得不断壮大的微软能够保持活力；他更是一个神话，39 岁便成为世界首富，并连续 13 年登上福布斯榜首的位置。这个神话就像夜空中耀眼的烟花，刺痛了亿万人的眼睛。他是微软公司主席和首席软件设计师。微软公司是为个人计算机和商业计算机提供软件、服务和 Internet 技术的世界范围内的领导者。截止于 2008 年，微软公司收入近 620 亿美元，在 78 个国家与地区的雇员总数超过了 91000 人。

比尔 · 盖茨生于 1955 年 10 月 28 日，盖茨曾就读于在西雅图的公立小学和私立的湖滨中学，在那里他发现了他在软件方面的兴趣并且在 13 岁时开始了计算机编程。 高中毕业时，他获得美国高中毕业生的最高荣誉“美国优秀学生奖学金”。

1973 年，盖茨考进了哈佛大学。在哈佛的时候，盖茨和史蒂夫 · 鲍尔默为第一台微型计算机 MITS Altair 开发了 BASIC 编程语言的一个版本。

在以前，几乎所有人都认为只有硬件才能赚钱，比尔 · 盖茨是第一个看到软件前景的商人，而且“以软制硬”，把其软件系统应用到所有的行业或公司。微软开发的电脑软件的普遍使用，改变了资讯科技世界，也改变了人类的工作和生活方式。人们把盖茨称为“对本世纪影响最大的商界领袖”，一点也不过分。现在，传统经济已让位于创造性经济。美国统计表明，去年年底，只有 31 万员工的微软公司，市场资本总额高达 6000 亿美元。麦当劳公司的员工为微软的 10 倍，但它的市场资本总额仅为微软的 1/10。尽管 21 世纪依然有汉堡包的市场，但其影响和威望，远不能同微软相比。

微软还是第一家提供股票选择权给所有员工作为报酬的公司。结果，创造了无数百万富翁甚至亿万富翁，也巩固了员工的忠诚度，减少了员工的流动。这一方法被别的企业竞相采用，取得了巨大的成功。

微软处处领先，盖茨能成为世界首富靠的是什么，就是创新。要最大限度地发挥人的潜能，就不要受制于自缚手脚的想法。成功者相信梦想，也欣赏清新、简单但很有创意的好主意。

人们常说："创新始于天才。"其实，这话应该打个颠倒，"天才始于创新"才合乎情理。"天才"与大家一样，原本都是普普通通的人，重要的区别就是他们敢于创新罢了。创业就是这样，你先抢一步，占尽先机，得到的是金子；而你步人后尘，东施效颦，得到的可能就是失败。

因此，任何一个渴望获得财富的人都要明白创意的力量，找到创业的突破口，选择他人没有涉足的区域。这一长远眼光的发展战略，不但能避开强劲的竞争对手的拼杀，而且能独自开发一个前景广阔的市场。

波浪理论创始人——艾略特

在股市，大概没有一个股民不知道波浪理论，所谓波浪理论，又称艾略特波段理论。是由美国证券分析家拉尔夫·.纳尔逊·.艾略特（R.N.Elliott）利用道琼斯工业指数平均（Dow Jones Industrial Average，DJIA）作为研究工具，发现不断变化的股价结构性形态的呈现自然和谐。艾略特根据这发现提出了一套相关的市场分析理论，然后从中提炼出符合市场形态的十三种形态，但是出现的时间间隔及幅度大小并不一定具有再现性。随后，通过研究，他又发现，这些呈现结构性形态的图形是可以连接起来，然后形成更大的图形的，他为了佐证这一结论，提出了一系列权威性的演绎法来解释市场的行为，并特别强调波动原理的预测价值。

投资炒股，艾略特波段理论 (Elliott Wave Theory) 是股票技术分析的一种理论。该理论是市场走势不断重复一种模式，每一周期由五个上升浪和三个下跌浪组成。艾略特波段理论将不同规模的趋势分成九大类，最长的超大循环波 (grand supercycle) 是横跨二百年的超大型周期，而次微波 (subminuette) 则只覆盖数小时之内的走势。但无论趋势的规模如何，每一周期由八个波浪构成这一点

是不变的。

艾略特理论认为，不管是多头市场还是空头市场，只要是完整的一个循环，就会出现几个波段。在多头市场内，一个循环中前五个波段是看涨的，后三个则是看跌的；而前五个波段中，第一、三、五，即奇数序号是上升的，第二、四波段，即偶数波段中的六波段偶数序号是明显看跌的；第七为奇数序号则是反弹整理。因此奇数序波段基本上在不同程度上是看涨的或反弹，而偶数序波段则是看跌或回跌。整个循环呈现的是一上一下的总规律。而从更长的时间看，一个循环的前五个波段构成一个大循环的第一波段，后三个波段构成大循环的第二个波段。整个大循环也由八个波段组成。

就空头市场看，情形则相反，前五个波段是看跌行情，后三个则呈现看涨行情。前五个波段中，又是第一、三、五奇数序波段看跌，二、四偶数序波段反弹整理，看涨行情的三段中，则第六、八段看涨，第七回跌整理。整个循环依然是一上一下的八个波段。在空头市场，一个循环也构成一个大循环的第一、二个波段，大循环也由八个波段组成。

投资者应了解，艾略特的波浪理论其关键主要包括三个部分：

第一，为波浪的形态；

第二，为浪与浪之间的比例关系；

第三，作为浪间的时间间距。

而这三者之间，浪的形态最为重要。波浪的形态，是艾略特波浪理论的立论基础，所以，数浪的正确与否，对成功运用波浪理论进行投资时机的掌握至关重要。波浪理论并不是独立存在的，他与道氏理论、技术分析、经济基本面分析，以及与新闻价值型都有一些神奇的相关联的关系。众多投资人士称：“道氏理论告诉人们何谓大海，而波浪理论指导你如何在大海上冲浪。”

接下来我，我们谈谈波浪理论的三个原则：

1. 修正波纵深原则

用来衡量修正波回撤幅度，通常修正波会达到小一级别 4 浪低点附近。在强势行情中，只创新高不创新低，此时的小一级别 4 浪低点会是一个很好的阻

力位，可以借此跟进止损。

2. 费波纳奇原则

即波动比率呈现费波纳奇数列。例如，3浪为1浪的1.618、2.618……2浪回调为1浪0.382、0.5、0.618；4浪回调为3浪的0.382、0.5；5浪为1～3浪的0.618。在时间上同样呈现此原则。

（1）黄金比例既可以帮我们很好地进场，又可以很好地出场。如果你能与市场融为一体，这些神秘的黄金数字会成为你的终身伴侣。

（2）1.618可以反过来加以确定眼前的3浪是否是真正的3浪，如果3浪连1浪的1.618都到不了，那它多半不是3浪。如果你能判断市场要出现延长的大行情，那么市场通常会到前面一浪的2.618倍位置上，给予了一个非常好的参考目标。

（3）在趋势初期，回撤幅度多为0.618，如果回撤以平台形进行，则多为0.5；在趋势中期，当趋势逐渐明显时，市场回撤0.618的概率开始下降，而是期待偏向于0.5的回调位。

3. 交替原则

即简单与复杂、上升与下跌、推动与调整、规则与不规则。修正波呈现交替现象，如2浪为锯齿，则4浪可能为平台型或三角形等，反之亦然；在时间上也存在此现象，2浪急剧回调，则4浪可能长时间复杂调整，反之亦然；复杂程度上，2浪简单，则4浪复杂，反之亦然。若第2浪为“复式”，则第4浪便可能为“单式”。

（1）小的调整匹配着小的推动，中等调整也预示着中等的驱动，大的调整则是在蓄积一波大幅的推动行情，眼前是一个小级别的调整则做好小推动的操作打算，眼前是一个大级别的调整则做好大推动的操作计划。

（2）如果2浪出现了简单性调整，则4浪多以复杂的调整，如果2浪调整的时间很短，基本可以判断4浪调整的时间不会很短，可以用已知的去预知即将到来的，从而提高了操作胜算。如果2浪走出了很规则的形态，要注意4浪可以走出不太规则的形态。

以诚信起家——李嘉诚

古人云："无信无以立世。"信是立人之本，生活中，无论我们做什么，诚信就好比我们的一个品牌，你没有"信"也就不会有人信你，你的话和你的存在就毫无意义可言。以诚相待是现代社会人际交往中最重要的砝码，很多人际间的矛盾和问题等都能通过诚信的方法得到解决。真心待人，就会有所回报，回报的就是他人的信任。诚信是我们为人处世、获得良好人际关系的一种品牌。

一个人诚实守信，换来的就是他人的信任，自然也就能获得大家的尊重。反过来，如果一个人因为一己之私或者谈吐安逸而失信于人，那么，他得到的利益也只是暂时的，他失去的是一个人的信誉。这无异于失去了西瓜捡芝麻，得不偿失。香港超人李嘉诚就是以诚信起家的。

李嘉诚在创业初期资金极为有限。一次，一位外商希望大量订货，但他提出需要富裕的厂商作保。李嘉诚努力跑了好几天，仍一无着落，但他并没有捏造事实，或是含糊其词，而是一切据实以告。那位外商深为他的诚信所感动，对他十分信赖，说："从阁下言谈之中看出，你是一位诚实君子。不必其他厂商作保了，现在我们就签约吧。"

虽然这是个好机会，但李嘉诚感动之余还是说："先生，蒙你如此信任，我不胜荣幸。但我还是不能和你签约，因为我资金真的有限。"外商听了，极佩服他的为人，不但与之签约，还预付了货款。这笔生意使李嘉诚赚了一笔可观的钱，为以后的发展奠定了基础。由此，李嘉诚也悟出了"坦诚第一，以诚待人"的原则，并获得了巨大成功。

"一个有信用的人，比起一个没有信用、懒散、乱花钱、不求上进的人，自必有更多机会。"这是李嘉诚给年轻人的忠告，同时也是他的座右铭。不守信约，我们可能有暂时的成功；有了诚信，我们却会获得终生的成功。生活的投资者们，也要记住，无论你失去什么，也不能失去诚信。

的确，可能你会说，我们要趁着年轻多积累财富，都能同时也要注重德行的修养。诚信是人生最大的美德，它像一根小小的火柴，燃亮一片心星空；像一片小小的绿叶，倾倒一个季节；像一朵小小的浪花，飞溅起整个海洋。

然而，现实生活中，我们也不难发现，似乎总是有一些人人却不相信这一点，硬要走向另一端，结果既损害了别人，又让自己吃尽苦头，他们认为商业竞争不过就是一场尔虞我诈的游戏。也有一些人认为，与人交往，重在利益，利益达到了，诚信可有可无，他们青睐交际中的欺骗并自鸣得意，殊不知，他们在获得一份利益的时候，也就丧失了一份人格。

为此，我们要吸取教训，诚信第一，才能让你的人生、事业之路走得越来越远。

孔子的弟子曾子有句话："吾日三省吾身。为人谋而不忠乎？与朋友交而不信乎？传不习乎？"作为一个有德行且对社会有责任心的人，在社会交往中诚信是做人的美德。与朋友交往要诚信，一个做事做人均无信的人，是很难在社会上立足的，因为人们均不齿于那些言而无信的人。正如孔子说："言而无信，不知其可也。"

做人诚实，才能使人放心；赢得信任，别人才有可能和你推心置腹。虚伪的人，靠欺骗过日子，虽然有时也能取得暂时的效果，但一旦被揭穿就臭不可闻。没有谁会被同样一个谎言欺骗两次，言而无信的人最终无法获得别人的支持和帮助，也无法维持长久的人际关系。

因此，从现在起，我们开始为反省一下自己吧，你是否欺骗过自己的朋友、亲人或者同事？你是否尽心尽力地为你周围的人办过事等？进行反省后，不妨从以下几方面努力吧。

1. 凡事诚实，不要敷衍任何人

要做一个诚实的人，只有诚实才能看清自己的未来，触摸到幸福的温馨。敷衍只能一时，而诚实却是长久之策。走正直诚实的生活道路，定会有一个问心无愧的归宿。

2. 一诺千金

真诚是力量的一种象征，它显示着一个人的高度自重和内心的安全感与尊严感，守信更是一种具备荣誉感的表现，也就是说，不要轻易允诺别人，一旦允诺，就要尽力做到！

总之，以诚相待是现代社会各种投资和竞争中最重要的砝码，大多数矛盾都能用诚信的办法得到解决。只要真诚待人，就可能赢得良好的声誉，获得他人的信任，将可能发生的矛盾化解在无形之中。因此，聪明的投资者们，当你还在利益与诚信这二者之间徘徊的时候，你应该克服言而无信的弱点，摆脱利益的干扰，维持一份长久的友谊。

狼行天下的财富之道——周少雄

我们都知道，科研工作者从事任何一项研究时都要力求创新，而创新是思维的结果。一个人只有敢于打破现有的固定模思维式，才可能创造出奇迹。杰出的创意是获得成功的可靠保障，良好的思维胜于健全的体魄。我们做任何投资也是，要想获得成功，都要从思维开始，只有敢“想”，会“想”，并“想”出结果，才会是成功者的候选人。

对于很多投资于服装行业的人来说，可能都了解这个行业的困难，但是我们总是能找到出奇制胜的方法，而具体如何执行呢？这一点，七匹狼公司的创始人周少雄能给出我们一个答案。

周少雄，泉州晋江人，经济师。1983 年参加工作，曾任福建省晋江金井侨乡服装工艺厂厂长，福建七匹狼制衣实业有限公司总经理，七匹狼集团总经理。现任福建七匹狼实业股份有限公司董事长、总经理。

“我们要做强者，因为我们认为，在自然界的进程中，在市场化过程中，你不强，就要被淘汰，没有人能够例外。”周少雄认为，要生存，就要比别人更能适应环境。只要像狼一样牢牢守住目标，相信自己，相信伙伴，很少有办不成的事情。

周少雄的创业起步并没有多少传奇色彩。和很多晋江人一样，多年的贫困煎熬和大量接触来自海外的信息，促使他与自己的兄弟做起了小买卖。但与众不同的是，当时的周少雄有一份很不错的工作——在新华书店配书。这份工作对当时从农村出来的人来说是一个令人羡慕的“金饭碗”，而且他在同时代的晋江企业家里也算是一个知识分子了。一个偶然的机会，周少雄参加了一个展商会，回来后他就把工作辞掉，开了一个贸易公司。经过几次折腾，慢慢有了一些积累，两三年后，周少雄开了家服装厂，他成了晋江金井侨乡服装工艺厂的厂长。这就是“七匹狼”的雏形。

关于“七匹狼”的来历，周少雄已经告诉过无数人：七个年轻人坐在一起研究海外有着各种各样图形图案的品牌，发现很多都是由动物组成的，于是开始选择一个有含义的动物，最后选择了狼，因为狼是非常有团队精神的动物，具有机灵敏捷、勇往直前的个性，而这些都是企业创业成功不可缺少的素质。既然是七个人一起创业，于是就定下了“七匹狼”。巧合的是，按闽南风俗，“七”代表“众多”，而“狼”与闽南话中的“人”是谐音，这个名字再合适不过了。

之所以会想到创一个品牌，是因为周少雄在几年的经营中发现，当地生产的服装与海外那些胸前绣有商标的服装价格相差很大。实际上，当地的很多工厂当时都做过“贴牌”的事情，买一些英文商标贴在自己生产的服装上，至于那些商标是什么意思则不去管它。“为什么不能靠自己的力量创出一个国产品牌呢？”周少雄和他的创业伙伴们都想到了这个问题。

2004 年，“七匹狼”股份成功上市，以福建省首家服装企业的身份登陆深交所中小企业板，成为公众企业使“七匹狼”进入快速发展阶段。

现今，“七匹狼”在周少雄的率领下已成为以品牌为核心、以生活形态为主导的经营实体，并提出成为中国“男士着装顾问”的口号，把中国服装元素与流行时尚相结合。周少雄一直致力于推动传统文化与时尚创意产业的契合，引导“七匹狼”在始终坚持为顾客提供引领时尚优良产品的同时，推动男装消费市场的变革，倡导时尚生活方式。

15 年的努力，周少雄是如何领导“七匹狼”从一个乡镇小企业，成长为一个上市公司的呢？正如周少雄说的：“我们所做的一切，都是为了‘七匹狼’这块牌子。”将服装品牌化也是他成功的原因。“我们要做强者，因为我们认为，在自然界的进程中，在市场化过程中，你不强，就要被淘汰，没有人能够例外。”创新就是竞争的利器，只有创新，才能提升品牌形象和质量。从周少雄的创业经历中，我们也要学习他的狼族精神，并做到不断创新、不断进取，这样才能获取最终的成功。

可见，要想致富，就要创新，有了创新，就能将别人做过的事做好、做出色，就能获得财富和成功。

参考文献

[1] 庄恩岳 . 炒股就是炒心态 [M]. 杭州：浙江人民出版社，2008.

[2] 康成福 . 炒股心态决定你的成败 [M]. 上海：立信会计出版社，2010.

[3] 刘厚胜，涂翡斐，舒澎 . 领导说话艺术 [M]. 北京：中国铁道出版社，2015.

[4] 荣千 . 炒股的智慧 [M]. 上海：立信会计出版社，2015.